社会学名著译丛

符号理论

〔德〕诺伯特 · 埃利亚斯 著
熊浩　高乐田 译

商务印书馆
创于1897 The Commercial Press

Norbert Elias

THE SYMBOL THEORY

Edited by Richard Kilminster

First published in three parts, edited and with an introduction by Richard Kilminster, in *Theory, Culture and Society*, 1989

First published as a book under the title *The Symbol Theory*, 1991 by Sage, London

Revised English edition published 2011 by University College Dublin Press as volume 13 of the Collected Works of Norbert Elias

published in agreement with Liepman AG Literary Agency, through The Grayhawk Agency

本中译本根据都柏林大学出版社 2011 版译出

社会学名著译丛

总序

学术名著，经典之谓也，通常是指学术大家所撰文本及其思想。中国文化传统强调诗言志、歌咏言、文以载道，在这样的文脉里大家其人与其文本及其思想之间是互为表里、相互佐证的。在中国学术传统里，经典历来居于核心地位，始终是人们关注的中心。或如有人所说，在这一领域，所有后来者都是踩着巨人们的臂膀向上攀登的。言外之意，在社会研究领域，人们讲究传承下的创新，向不轻言“前无古人，后无来者”，更不轻信什么“顶峰”之类。这点与自然科学适成鲜明对照。自然科学追求的是一种科学的真理，它是一种约定性的、假设性的、命题性的真理。这是一种工具性的标准，故它关注真理标准以及证实真理即经验检验的前提——方法论问题。简言之，这是一种有用即被采纳的实用理路。因此，自然科学的某些成就可能在相对较短时间里譬如几年、几十年就会被超越、被颠覆。而社会科学追求的真理首先是一种存在的属性，其次才是一种命题的属性；一个人是否拥有真理，端赖于他与某一“此在”或体现真理的实在是否保有共享关系，因而，这种真理是一种存在的真理，这是一种目的性的标准。存在真理要有意志论的和形而上的预设：意志论预设关乎能对人的行动起激励作用的情感和愿望方面，而形而上预设则有关实在之本质的认识论和本体论方面。这样说并不否认社会研究也有其方法论的方面，而是说它与意志论和形而上相比只居次要地位。不消说，后两方面都与研究者本人的传承、学识、洞见、表达能力等学术修养方面有诸多关联。这也是在社会科学领域大家及其文本居于核心地位的存在理据。

社会学从创立之初，就自我期许要把社会研究变成一门科学并以此作为追求的目标。正是在这种观念影响下，强调以自然科学方法和成就为摹本几乎成为这门学科一百多年来发展的主流。但这并不构成实证主义所主张的统一科学观要求社会科学要像自然科学那样仅把经验事实视为思想的源头并减少对经典关注的理由，因为经验主义在关注经验事实的同时却忽略了选择事实所依据的启示性原则。这种启示性原则本身就是一种前提预设，一种本质上先于经验的理性思考。社会科学的探究毫无疑问要以经验事实为依据，但同样明确的是，社会研究除了经验事实之外还要关注能对经验观察提供启示的那些原则，即还要有超越经验的理性思辨。从知识社会学的传统来说，社会学就是这样地处于经验论与先验论、实证论与唯理论之间的对立张力中，因为它所要研究的是由人们的行动结果所造就而成的社会现象；社会现象固然有如一般客观事实那样外在的第一级表层物理结构，但它还有其内在的属人的第二级深层意义结构；它毕竟不只是物理学意义上的物，而且还是由意义动机引发的行动所构成的现象，即社会的物，亦即由观念构成的实在。职是之故，社会学自十九世纪上半期创立迄今一百多年来的发展，不仅在经验观察、量化研究上取得了长足进展，而且在标志人类理智成长的社会理论领域更是江山代有才人出，造就成群星璀璨、相映生辉的繁荣景象。

由这些大家阐发的不同启示性原则之间也有歧见，因为每一种原则都是基于自身原理对外物的一维解释，只要坚持首尾一贯性做到逻辑自洽，就都具有自身的合理性，但又不能自诩是对外物穷尽无遗的把握。这些启示性原则并不具有像自然科学中那种在时间中流动呈线性累积的进步特征，而是一种抽象的、一般性的约定。故科学研究越是抽象化、一般化，其具有的累积性特征就越少。这些启示性原则与其说是关于外在世界的真理性标准，毋宁说只是提供了关于这一标准的最低程度的共识，一个共同的参照点。它仰赖于一个特殊的文化共同体相对一致的利益、旨趣和偏好的支撑，表现了个人从审美上、哲学上、诠释上、观察等方面上对作为现代性之生命的体验、理解和领悟的表意能力。归根到底，作为这些启示性原则之结晶的经典，类似一种顿悟式的人类理智能力的偶然性（个体性）贡献。它或由于对人类精神状态和主观倾向的睿智洞察如涂尔干的宗教社会学之穿透力，或由于对经验世界的复杂性、敏锐性重构如马克思对资本主义和商品及其规律的揭示，或由于对意识形态和道德价值的评判如韦伯对新教伦理的诠释，而成为经典并进入社会科学研究的关注中心，进而构成社会理论中具有范式般指导意义的三大传统，为人类理智在社会领域继续向上攀登奠定了基础。

人们通常把这些大家们在认识社会和解释社会事实所表现出的想象能力、穿透能力和批判能力直白地称为“社会学的学科意识”，意即经由一代代大家们累积起来的学术素养和传承，包括他们强烈的社会关怀的情愫，这些是社会学的“根”或“灵魂”。社会学如果丧失了自己在认识社会和解释社会的学科意识，也就是失掉了自己的灵魂，无异于取消了自己存在的理据。这里强调大家及其文本在认识社会中的核心地位，目的在于克服时下一些号称“实证研究”的著述只罗列经验事实不做理论思考的流弊，避免由此导致对社会现象的单面、一维的理解。对社会学来说，所谓增强学科意识，除了参与、观察变革社会的实践之外，就是要提倡阅读经典、研究大家，舍此别无他途。

商务印书馆几十年来坚持不懈地推介“汉译世界学术名著丛书”，哺育了几代学人，对于促进中西文化交流和提升汉语学界学术水准居功至伟，海内外华人学界同仁有口皆碑。现今又专门辟出社会学名著译丛系列，这一举措对于充实和扩展汉译世界学术名著丛书的规模效应可谓锦上添花，而对社会学知识的普及和提升研究水准不啻雪中送炭，可说恰逢其时。

谨以上述感怀序写于丛书付梓之际，并与社会学界同仁共勉。

苏国勋

于2006年岁末

目　录

诺伯特·埃利亚斯（1897—1990）

诺伯特·埃利亚斯是我们这个时代最伟大的社会学家之一。他生于1897年，一生经历了20世纪的绝大部分时期，其生活深受这个世纪的一些重要事件影响。埃利亚斯在德意志帝国的一个犹太家庭长大，“一战”的时候是一名士兵，在短命的魏玛共和国时期成为一名社会学家，1933年纳粹上台后他不得不逃离德国，以一名难民的身份在巴黎和伦敦度过了艰难的时期，他快到六十岁的时候，才在英格兰得到一个大学的教职。1962年，已然到了退休的年纪，他在加纳教了两年的社会学，随后回到欧洲又度过了25年，这期间，他一直从事教书和写作，活跃于欧洲的好几个国家，直到1990年在阿姆斯特丹去世，享年93岁。

埃利亚斯的青年时代在西里西亚的弗罗茨瓦夫（当时属于德意志帝国，现在是波兰的布累斯劳）度过，这个被呵护的青年时期因为“一战”爆发被德国陆军征兵戛然而止。复员后，埃利亚斯在弗罗茨瓦夫大学学习医学和哲学，于1924年毕业，撰写了哲学博士论文，但是很快他就严厉批评说，如果不能认识到知识的创造和传播对代际学习过程非常重要的话，哲学家就是失败的，并因此最终认为哲学并非一门学科。1922—1923年的严重通货膨胀时期，埃利亚斯不得不做了一段时期的生意。回归研究后，他选择了海德堡大学的新兴的社会学学科。他在马克斯·韦伯的兄弟阿尔弗雷德·韦伯手下工作，跟年轻的卡尔·曼海姆也有合作，后者当时在知识社会学上声誉鹊起。1930年，曼海姆获得了法兰克福大学社会学系的教席，埃利亚斯成为他的助理。这个社会学系跟马克思主义者的“法兰克福学派”在一个校园里，但是两者在知识上和组织上都是独立的。

viii 在法兰克福，埃利亚斯写了一篇关于现代欧洲早期的宫廷、侍臣和宫廷文化的论文（这篇论文让他获得了在德国大学任教的讲师资格）。由于纳粹在1933年初获得了政权，这篇论文在随后的35年内都没有发表。埃利亚斯不得不离开德国，先是去了法国，然后到了英格兰。在“二战”早期，他因为在敌对国身为外国人而被拘押了大约八个月，不过后来还是成为英国公民。埃利亚斯的母亲在奥斯维辛遇害，“二战”中和“二战”后，埃利亚斯给成人教育讲课，过着惨淡的生活。他帮助他法兰克福时代的一个朋友S. H. 福尔克斯（S. H. Foulkes）创立了集体分析——后来成为心理治疗的一个重要流派。最后，在1954年，他被聘为莱斯特大学的社会学讲师，后来升为高级讲师。1962年到1964年，在正式退休之后，埃利亚斯去了西非，在加纳大学当了社会学教授——这是一段生动的经历，他搜集了大量的非洲艺术品。从1960年代中期起，埃利亚斯还是德国和荷兰的客座教授。从1978年到1984年，他在比勒菲尔德的跨学科研究中心担任永久驻地讲师。他也两次去美国进行短期访问，在纽约、波士顿和印第安纳的布卢明顿讲课。莱斯特是埃利亚斯主要的家，直到1978年他搬去了阿姆斯特丹，并于1990年8月1日在那里去世。埃利亚斯的国际声誉直到他漫长一生的最后阶段才来到。

1977年，他是法兰克福市颁发的著名的特奥多尔·阿多诺奖的首位获得者；1988年，他是欧洲亚马菲奖的首位得主；比勒菲尔德大学和斯特拉斯堡大学授予他荣誉博士称号；德国和荷兰都授予他国家勋章。

埃利亚斯在他流亡时期的早几年就完成了他最负盛名的著作《文明的进程》（*Über den Prozess der Zivilisation*），该书于1939年由瑞士一家流亡者出版社出版。这本书一开始默默无闻，30年后再版的时候其伟大之处才被认识到。1998年国际社会学联合会举办的一次投票中，这部书位列20世纪最重要的十本社会学著作之列。埃利亚斯对人类生活的各个方面（不管是过去还是现在的）都饶有兴趣，进而发展出诸多方向上的文明化进程的理论。终其一生，他详细阐述了一套关于知识和科学增长的社会学理论。为了"在哲学的绝对主义和社会学的相对主义的两难之间游刃有余"，他总是试图为人类知识寻找一个稳固的基础。他率先让社会学研究体育，在艺术和文学方面，他的写作也颇有洞察力。这些作品共有的线索是：人的 ix
个体情感和思想是如何嵌入社会相互依存的纽带之中、并且如何随着这些纽带长期的结构性变迁而变化的。

在《文明的进程》之外，埃利亚斯的15本著作和绝大多数文章都在他正式退休之后出版了。这些作品中有些最初是用英语写成的，有些是用德语撰写的。由都柏林大学出版社出版的《埃利亚斯著作集》（*The Collected Works*）囊括了他出版的所有作品，包括以前的很多非英语作品。

理查德·基尔明斯特（Richard Kilminster）

xi

文本说明

埃利亚斯用英文写成的《符号理论》的主要文本，此前以不同的形态出版过两次。它最早分三期发表在1989年的《理论、文化和社会》（*TCS*）杂志上，1991年，作为该杂志的系列出版物之一，塞奇（Sage）出版社把这三部分合并出版了单行本。[①] 在杂志上发表时，埃利亚斯延邀我担任此文的编辑，我和他深入地讨论了手稿。我的职责是让文本更加结构化，更清晰、更易读，并在杂志上撰写了一篇简介。在单行本中，我单独撰写了一篇对此书的编者说明。[②]

1990年4月，埃利亚斯仅仅写了个简明的开篇，然后就忙其他事情去了，直到1990年6月中旬，《符号理论》将出版单行本，他才认真地着手为此书撰写一篇全新的导言，但是这篇导言尚在零散的状态，他就去世了。这篇未完成导言的部分内容已经在1991年版的书中出现。在现在的这个版本里，我想有可能（原因容后再说）把

---

① *Theory, Culture and Society* 6: 2 (1989), pp. 169–217; 6: 3 (1989), pp. 339–83; and 6: 4 (1989), pp. 499–537; *The Symbol Theory* (London: Sage, 1991).

② Richard Kilminster, 'Editor's note to "The symbol theory" ', *Theory, Culture and Society* 6: 2 (1989), pp. 163–7; and 'Editor's introduction' in Elias, *The Symbol Theory*, pp. viii–xxv.

那些未能整合到埃利亚斯生前出版的文本里的片段恢复出来。在这个探寻过程中，我们也发现了埃利亚斯晚期的很多工作内容，这些知识也有助于解说此书的特色。

此书的原始手稿写于1980年代晚期的阿姆斯特丹。第一份手稿完成于1988年夏末，用一行半的字距打印了160页纸。由于*TCS*的主编迈克·费瑟斯通（Mike Featherstone）急于在1989年早些时候的杂志上发表《符号理论》，埃利亚斯和作为编辑的我都有时间上的压力。这部庞大的打印手稿只有几处分段，还集中在前几页上。 xii
文章一开始有编好号的章节次序，但是这个次序在第二章之后就没有了。整个文本看起来没有统一形态：数个重叠的主题在多个不同的层面上复杂地交织在一起。我还发现，自己面对的是在原始材料中已经提出过的一系列主题和争论。除了凌乱的形态之外，这本文稿似乎顺理成章地落入了一种模式，幸好我能够跟埃利亚斯就此充分讨论，这有助于我理解这一模式。这部看上去没有定型的手稿其实很明显是有系统也有结构的。在编辑文章之时，我注意到了常用的语法、拼写、句法和标点的习惯。我也确定了所有的分段和第二章之后的章节编号的位置，这些在我提交书稿的时候都呈现出来了。埃利亚斯希望保留他一开始使用的章节编号的格式，这是他很多早期文章中的习惯做法，而不是使用我曾建议的副标题格式。在现在这个版本里，这些编了号的章节已被重新标明以更符合习惯，同时我也给它们配上了标题。我想这些标题增加了文章的可读性。不过，考虑到文中这些重叠交织的主题，一些主题会在不止一个章节里加以讨论。

在完成了第一版手稿的编辑之后，我在1988年9月把它交给了埃利亚斯。他对某些章节进行了修订，尤其对前25页进行了扩充式的修改。在1989年3月出版之前，我再也没有机会重看一遍这部书稿，因此这本书前面几章分段更多是埃利亚斯式的。在分段上，他可能听取了某个研究助手的建议。而在我分出的一些章节和我对他英语的些许订正上，他显然接受了我的做法。不过我曾建议他删掉的一些重复的段落，他还是留在文中，对此他也没有回复理由。就目前我所知，这对他来说不是什么要紧的决定，也跟他的坏脾气和健忘无关。很可能与他逐渐糟糕的视力和听力以及他频繁更换的助理团队有关，这点我稍后再谈。

在埃利亚斯进行了增补和修订之后，《符号理论》的文稿变得很庞大，以至于费瑟斯通认为它太长了，无法在*TCS*的一期上全文
xiii 发表。另外，到1988年10月，准备出版的时限之时，我交给埃利亚斯的文稿他只完成第二稿大约一半的修订工作，因此他错过了1989年第一期杂志的出版时间。本来文稿会分两次出版，但随着篇幅越来越长，费瑟斯通决定分三次出版，这一点上我跟他意见相同。埃利亚斯因此把时限设定在1989年5月号的杂志上出版第一部分。在1989年2月23日写给我的信中，埃利亚斯附上了一份整个文稿的复印件（他刚刚完成并寄给了费瑟斯通），他写道："这么晚才完成我很抱歉，不过幸运的是，最后时刻我发现了一个错误，幸好改正了它。我很感谢你的帮助，如果你还发现有重大的错误，随时告诉我。"如果从众所周知的埃利亚斯的每日工作习惯来看，《符号理论》的文本本身从某个角度来说并非终极的版本。它只是在不断积累的众多草稿、新的起句、改写、插叙和增补之中形成的众多版本中的一个。它只是文稿不断演化着的众多时刻之一瞬，在此时刻，埃利

亚斯为了出版而不得不拿出书稿来。[3]

符号理论：概要

在关于此书稿的对话中，埃利亚斯告诉我，《符号理论》与他一系列知识社会学的著作有关，这些著作包括《时间随笔》、《卷入与超脱》以及主要结集在《论文集一：关于知识和科学的社会学》中的一些写于20世纪70年代和80年代的文章。[4]尤其是其中的片段《对大进化的思考》和《关于人类及其情感》一文，跟本书密切相关。[5]

从20世纪20年代中期到1933年，在海德堡和法兰克福，埃利亚 xiv
斯参与了与卡尔·曼海姆有关的德国知识社会学（Wissenssoziologie）的兴起。1930年到1933年，他是曼海姆的助手之一。这个团体的研究核心乃是意识形态和思想流派整体上的社会定位，以及知识分子的角色和功能。在《生命的思考》中，埃利亚斯称当时他发现把意识形态的伪装和政治神话揭露出来"令人愉快"。[6]不过，虽然这个

③ 埃利亚斯对他文稿的占有欲曾被提到过，见 Stephen Mennell, *Norbert Elias: An Introduction*, rev. edn (Dublin: UCD Press, 1998), p. 20。

④ *An Essay on Time* (Dublin: UCD Press, 2007 [Collected Works, vol. 9]); *Involvement and Detachment* (Dublin: UCD Press, 2007 [Collected Works, vol. 8]); *Essays I: On the Sociology of Knowledge and the Sciences* (Dublin: UCD Press, 2009 [Collected Works, vol. 14]).

⑤ Norbert Elias, 'Reflections on the great evolution: two fragments', in *Involvement and Detachment*, pp. 179–233; 'On human beings and their emotions: a process-sociological essay', in *Essays III: On Sociology and the Humanities* (Dublin: UCD Press, 2009 [Collected Works, vol. 16]), pp. 141–58.

⑥ Norbert Elias, *Reflections on a Life* (Cambridge: Polity, 1994 [*Interviews and Autobiographical Reflections* [Collected Works, vol. 17]]), pp. 36–7.

学派显然形塑了他，但埃利亚斯自己的研究却走向孕育出这个传统的另外一个方面，这在《符号理论》一书中可以看到，大部分明显展现在重写的导言中，在全书中也隐约可见。埃利亚斯把他称之为社会学的认识论和本体论的那部分研究项目向纵深和广度方向拓展，以取代个人主义化的知识哲学。这就涉及人类知识发展的一种长期社会学路径，它包含权力、社会冲突、竞争以及位居它的解释性工具核心的利益。在《符号理论》中，埃利亚斯把所有这些都放到一个更长时段的进化时间尺度中。知识社会学的精髓，在于埃利亚斯的讨论模式能够把传统上属于哲学、形而上学或者意识形态方面的问题转换到另外一个层面。由于它们被纳入更宽广的社会学框架，就一个话题（在此是人类社会的进化维度）的传统谈论方式就显得站不住脚了。在本书中，我们将跟随埃利亚斯经历那些传统的二元对立：唯心主义-唯物主义，物质-精神，自然-文化，形式-内容，存在-意识。

《符号理论》一书（尤其在导言中）特别显著地讨论了主观-客观二元论的局限性。他把这一对立回溯到强烈的个体（*homo clausus*）自我经验，已经深度文明化的社会（特别是西方社会）的人具有这种典型特征。他的基本观点是，希望我们忘掉传统的、僵硬的、高度抽象化的以及常常是形而上的二元论，这种二元论试图在进化的框架和时间尺度内描绘一种超然的理想化的人。换句话说，埃利亚斯致力于在进化框架内用一种历时方法，把他称之为符号的“存
xv 在方式”（*mode of existence*）（pp. 54，157-158）论证为人类习得的各种交流手段。

埃利亚斯迎面就探讨了常被回避的一个难题：知识的本体论地

位是什么？他在社会学层面上动态地谈论这个问题的方式，读来引人入胜，完全超越了传统的唯心-唯物二元论（见第五章“大脑记忆图像”的讨论和第六章）。埃利亚斯超越了传统的“自然-文化”、“存在-意识”以及“结构-文化”二分，把它们放到从人类物种进化到社会发展这一整合层级（*level of integration*）的进化连续体中看待。⑦在埃利亚斯看来，人类的状况是嵌入从无意识的进化过程一直到更高层次的进化过程这一社会发育之中的。⑧人类在这一过程中幸存下来，与之紧密相关的是，符号形成了。

在这一组著作中，埃利亚斯总结出一种现在被归为某种现实主义的关于科学的社会学模型。他充分利用了《符号理论》中这一关于科学的理论。在埃利亚斯的这一模型中，每一学科都是把宇宙某一相对独立的整合层级（物理的、化学的、生物的、心理的、社会

⑦ 埃利亚斯使用的“整合层级”这个概念来自于现代进化生物学。见 Joseph Needham, *Integrative Levels: A Revaluation of the Idea of Progress* (Oxford: Clarendon, 1937)。埃利亚斯对此更全面的论述，见‘Reflections on the great evolution’。另见 Terence J. Wassail, ‘The Development of Scientific Knowledge in Relation to the Development of Societies’, PhD thesis, University of Leeds, 1990; Richard Kilminster, *Norbert Elias: Post-Philosophical Sociology* (London: Routledge, 2007), ch. 6; Stephen Quilley, ‘Ecology, “human nature” and civilising processes: biology and sociology in the work of Norbert Elias’, in Stephen Quilley and Steven Loyal (eds), *The Sociology of Norbert Elias* (Cambridge: Cambridge University Press, 2004); Stephen Quilley, ‘Integrative levels and “the great evolution”: Organicist biology and the sociology of Norbert Elias’, *Joumal of Classical Sociology* 10:4 (2010), pp. 1–29; Catherine M. Borchert and Adrienne L. Zihlmann, ‘The ontogeny and phylogeny of symbolising’, in Mary Le Cron Foster and LucyJayneBotscharow (eds), *The Life of Symbols* (Boulder, CO: Westview, 1990), pp. 15–44。

⑧ 《符号理论》跟以下著作一起读会更有益：埃利亚斯的论文《人类境况》(*Humana Conditio*, in *The Loneliness of the Dying* and *Humana Conditio*, Dublin: UCD Press, 2010 [Collected Works, vol. 6]). 另见 Kilminster, *Norbert Elias*, ch. 1。

的）作为自己的研究“对象”（对使用这些术语的科学哲学家而言）。这一模型对这些学科研究的主体提供了更易区别的结构化的概念以
xvi 及相应的不同研究方法。对传统的“主观-客观”二分法而言，埃利亚斯的这一模型（它给科学[⑨]假设了一个等级序列）提供了在经验上可行的另一种路径。

从书中我们可以看出，埃利亚斯认为进化论并非只有达尔文一个版本，他认为达尔文的进化论不完备，只代表了这一学说的早期阶段。在与我的讨论中，埃利亚斯表示他的目的是调和有关人类动物性的认知中的两种极端观点。一方面，某些行为学家和社会学家有某种还原论观点，认为人类就其本质而言是猿。另一方面，哲学和宗教观念则认为人类和动物界之间有条鸿沟，人类有“灵魂”或者“精神”。对于这些总是取其一端的和评价式的因而总是导向要么还原论要么神学的观点，埃利亚斯试图提供一种新的模式，从理论上清除这些障碍。《符号理论》明确了一个主旨：大进化是所有学科（包括社会学和其他社会科学）的共时框架，从这个框架出发，有望得到一套全新的、更现实可靠的人类自我印象。

埃利亚斯对生物进化的观点，来自于20世纪40年代和50年代被称为现代综合进化论学派的作品。这些学者包括朱利安·赫胥黎、李约瑟和C. H. 威丁顿（C. H. Waddington）。[⑩]20世纪40年代，由于整体进化过程中存在着“突现的”、不可还原的阶段，因此整合

---

⑨ “科学的等级序列”的观念跟奥古斯特·孔德有关，埃利亚斯在《社会学是什么？》（*What Is Sociology?* London: Hutchinson, 1978 [Collected Works, vol. 5], ch. 1.）一书中表达了对孔德的敬意。

⑩ 见编者引用的这些作者的作品索引，第181-185页。[提及本书页码时，所列均为原版页码，即本书边码。——中文版编者]

层次有等级之分的观念在生物学思想中已经非常流行。现代综合进化论的鼓吹者们给埃利亚斯分享了人类社会是“突现的”现象这一非还原主义的观念，[11]不可还原为之前的物理学、化学和生物学层 xvii
面。当时流行的其他一些理论假定包括，人类是进化从低级过程到高级过程的一个飞跃，人类的符号交流具有重要意义。埃利亚斯从这些学者那里获得了灵感，同时也跟他们保持了距离，因为他在他们的思想中整合了坚定不移的社会学方法。他对如下方式有一种深刻的社会学家的感觉——使人联想到知识社会学（Wissenssoziologie）——人们的意识形态偏见或者制度化规训出来的服从会显著地形塑他们对世界（这里指生物现实）的观察。在《符号理论》中，为了给他的文明的进程、整合层级、科学异化和符号形成等理论补充长时间段的进化理论基础，埃利亚斯从生物学家那里借用了他所需要的那部分现代综合进化论。[12]

⑪ 在《符号理论》以及他的其他关于知识和科学的社会学著作中，埃利亚斯刻意避免使用“偶发的”（emergent）和“偶发属性”（emergent properties）的字眼，很可能因为它们有着形而上的暗喻，因此，他更倾向于描述整合层面每一阶段都有着“阶段特殊属性”。见 David Blitz, *Emergent Evolution: Qualitative Novelty and the Levels of Reality* (Dordrecht; Kluwer, 1992), pp. 150–1; and Kilminster, *Norbert Elias*, p. 178n。

⑫ 为了简单评判埃利亚斯在《符号理论》中的思想能在何种程度上与当代进化生物学研究进行比较，包括随机基因漂移，基因、亲缘体、种群和物种的代际相传，以及以人类为中心的共生网络的认知，见 Quilley, “Ecology, ‘human nature’ and civilising processes”, and “Integrative levels and ‘the great evolution’”, and Kilminster, *Norbert Elias*, ch. 6。关于埃利亚斯对包括进化维度在内的社会发育的长期观点的著作，见 Johan Goudsblom, Eric Jones and Stephen Mennell, *The Course of Human History: Economic Growth, Social Process, and Civilization* (Armonk, NY: M. E. Sharpe, 1996); Johan Goudsblom, *Fire and Civilization* (London: Allen Lane, 1992); Johan（转下页）

在参与指责进化决定论或者目的论的论战中，埃利亚斯（也包括这组著作的其他处）对基本不可逆的生物学进化和可逆的社会发育进行了根本的区分。恒星的生命循环和人类社会体的发育不是同一回事：跟恒星不一样，现代人类社会有可能倒退到更早阶段（也许回到封建社会关系时代）。鉴于此，埃利亚斯经常把文明化和反文明化进程放在一起谈论。在这个伟大的社会–自然发育框架里，埃利亚斯把人类使用符号进行交流的技术能力看作自然界盲目的创造进程的一个超凡成就。人类通过习得的知识来驾驭行为的能力，让他们相对于其他不能做到这一点或者只能在极有限范围做到这一点的物种获得了极大的进化优势。在第三章里，埃利亚斯把这一优势称为人类在符号上的解放。他认为，人类群体之所以存活下来，
xviii 在很大程度上依赖于获得了跟现实一致的知识。[13] 如果这样的知识不够丰富的话，人类的生存就会受到严重的妨碍。

从这一观点出发，埃利亚斯为人类的未来启示了一个重要的经验（在第九章末尾以及在导言里，他一直在讨论这一点）。他又一次回到了他一直以来的辩论目标：康德先验哲学的不足。埃利亚斯尤为用力批评的一点是，康德以范畴去限制知识的做法隐含了一种失败论的腔调，此论调与笛卡尔的怀疑论一起，已经使我们对世界

（接上页）Goudsblom and Bert de Vries (eds), *Mappae Mundi: Humans and their Habitats in a Long Term Socio-Ecological Perspective — Myths, Maps, and Models* (Amsterdam: Amsterdam University Press, 2002)。

⑬ “与现实一致”是埃利亚斯关于知识和科学的发展理论中的一个重要概念， 见 *Involvement and Detachment* (Dublin: UCD Press, 2007 [Collected Works, vol. 8]), and *Essays I: On the Sociology of Knowledge and the Sciences* (Dublin: UCD Press, 2007 [Collected Works, vol. 14])。

的真实性产生了瘫痪性的怀疑。他声称那些哲学化的思考方法（这种方法怀疑个体认知者之外任何事物的存在）是“现代性苹果里的蛀虫”。对埃利亚斯来说，这些教条学说对科学的发展形成了一股破坏性的逆流。它们只能妨碍解决人类面临的严重认知问题——目的是形成一种与现实一致的、对全球层面上人类自我发展下一阶段的相对超然的理解，这种理解能增强我们遏制社会螺旋式下降的能力。

复原埃利亚斯的导言

1991 年版的《符号理论》中有埃利亚斯本人没有写完的一篇导言，在 1990 年 8 月 1 日去世之前，他本人正在撰写这篇导言。在埃利亚斯葬礼前的 1990 年 8 月 5 日，在他阿姆斯特丹的工作室里，他的一名长期助手鲁道夫·尼基夫（Rudolf Knijff，1956—1994）把一份打印稿给了我，这篇导言就是基于这份打印稿。作为埃利亚斯的好友，尼基夫被当时阿姆斯特丹埃利亚斯的圈子认为是埃利亚斯的首席助手。他告诉我，这份打印稿代表了埃利亚斯去世前最完善的版本。我对它做了些不太重要的编辑性修订，并在出版的文本末尾注明了“未完”字样。相应的德语版作品集里的《符号理论》中也 xix
未加修改地收录了同一篇导言的翻译稿。[14]

两年后的 1992 年，我意识到鲁道夫·尼基夫给我的打印稿也许

---

⑭ *Symboltheorie* (Frankfurt am Main: Suhrkamp, 2001 [GesammelteSchriften, vol. 13]).

未能穷尽埃利亚斯去世前的写作。埃利亚斯去世前几个月，三名助手（其他两名是鲁道夫·尼基夫和威勒姆·H.克拉嫩东克［Willem H. Kranendonk］）之一米克·范·施蒂格特给了迈克·费瑟斯通一份有三段文字的口述稿，埃利亚斯曾想把这些文字放入导言中。这三段文字是范·施蒂格特在埃利亚斯去世前三天的1990年8月28日和29日手写下来的。[15]8月29日，她把这几段文字录入他们助手使用的电脑中。费瑟斯通把这份手写的笔记文稿给了我，我立即就认识到这些段落并没有包含在尼基夫给我的打印稿中。这些文字来得太迟了，以至于它们没有被纳入当时已经出版的《符号理论》一书的导言中。米克·范·施蒂格特和我在1995年到1996年在通信中讨论了这些文稿的出版时机及其价值。那时候尼基夫也已经去世了，没能给我们建议。这三段口述文字的存在，让我脑子里产生了不少疑问：已经出版的书中或许印入了错误的文稿，或者正确的文稿只印入了一部分。但实际上，这一问题只能在最终的第二版中才能加以探究和标注。

新的版本最终以《著作集》第13卷的形式面世了。作为编者，我咨询了米克·范·施蒂格特，她因此也跟威勒姆·H.克拉嫩东克联系了。从我跟他们的电子邮件沟通和我在阿姆斯特丹与范·施蒂格特的一次长谈中，我了解到在1990年时我并不知晓的埃利亚斯的工作方式。范·施蒂格特提供的这个文稿是埃利亚斯某一时期口

---

⑮ 见范·施蒂格特（Mieke van Stigt）令人感动的文章《与时钟的赛跑》（*Een race tegen de klok*）中描述她与埃利亚斯工作的时光，载于 Han Israëls, Mieke Komen and Abram de Swaan (eds), *Over Elias: Herinneringen en anecdotes* (Amsterdam: Het Spinhuis, 1993), pp. 105–8。

述的系列增补内容的一部分，埃利亚斯曾试图把它们纳入导言的文稿中。令人费解的是，虽然她已经把口述的内容录入了助手们通常使用的软盘的相关文档中，但鲁道夫·尼基夫给我的打印稿中却没有出现这几段文字。

有必要简述一下埃利亚斯在阿姆斯特丹最后的日子里的工作 xx
情形——从我和范·施蒂格特以及克拉嫩东克的讨论中得知，并从和卡斯·伍特斯（Cas Wouters）的谈话得以补充。这有助于理解为什么会在此版本中对埃利亚斯的《导言》进行修订，也有助于说明为什么《符号理论》一书会存在重复，特别是用不同词汇以及不同风格的怪词对观点的反复表述。埃利亚斯的助手们主要是荷兰的研究生（尼基夫和克拉嫩东克）和本科生（范·施蒂格特），他们轮流陪埃利亚斯每日工作。在1990年的早几个月，尼基夫通常从周一到周三跟他一起工作，克拉嫩东克和范·施蒂格特则每人工作两天，一个周四周五,一个周六周日，下一周两人再轮换一下。在1990年7月28日、29日这个周末，克拉嫩东克和范·施蒂格特协商好范·施蒂格特在周六周日两天上班，尼基夫接着从周一（7月30日）开始他的三天轮班。因此，当埃利亚斯在8月31日周三那天过世的时候，是尼基夫在值。尼基夫告诉我（米克·范·施蒂格特证实尼基夫也告诉过她），埃利亚斯周一、周二那几天身体状况已经很糟糕了，以至于根本无法工作。

埃利亚斯大约从1990年6月中旬直到7月29日，都在写《符号理论》的导言。我们知道这一点是因为克拉嫩东克和范·施蒂格特都保留着他们和埃利亚斯工作时的详细日志。克拉嫩东克写日志是出于他自己的兴趣，[16]范·施蒂格特则是为了学分，要把埃利亚斯的工作情况向社会学系报告。他们保存下来的这些准确记录很有价值，无论是在重建埃利亚斯晚年的工作方式上，还是在展示《符号理论》的导言的写作过程上。

埃利亚斯写作《符号理论》及其导言时已经90出头了，他几
xxi 乎聋了，接近失明，身体越来越差。他不能读他之前写的手稿，也无法改写它们，因此只能靠脑子里的写作框架来推进工作。米克·范·施蒂格特把他的这种工作方式比喻为下盲棋。助手们也不得不大声地读给他听——不仅是正在写的，还包括任何他想摘引的书或者文章的摘录和章节。从克拉嫩东克和范·施蒂格特的记录可以看出，埃利亚斯有时候要同时写两种不同的草稿，因为只写一种对助手们来说总是不够清楚。例如，在1990年6月初埃利亚斯开始写《符号理论》的导言时，他不止一次停下来花上一整天的时间给德语版的《圈内人与圈外人》（*The Established and the Outsiders*）增写导言，然后又回过头来继续写《符号理论》的导言。[17]很明显，他想要在导言中加入和修订很多内容。他一直就是这么工作的。但晚年这种工作方式碰到了问题：他的视力和听力急剧减退，这让他无法

[16] 见 Willem H. Kranendonk, 'Uithetdagboekvan eenhandlanger' [From the diary of a helping hand] in Israëls, etal. (eds), *Over Elias*, pp. 99–103, 文中，他详细描述了在埃利亚斯最后的几个月里，作为助手之一的他承担的每一项日常工作。——编者

[17] 在晚年的早些时候，埃利亚斯也以同样的方式撰写了一篇长文《弗洛伊德关于社会的观点及其他》（Freud's conception of society, and beyond it），此文由马克·焦利（Marc Joly）编辑之后用法文出版，见 Norbert Elias, *Au delà de Freud: sociologie, psychologie, psychanalyse* (Paris: La Découverte, 2010), pp. 131–85。这篇文章的英文版本计划收入 *Appendices and Index to the Collected Works* [Collected Works, vol. 18]。

把整个文本监控在视野之内。他会用发问开始一天的工作：我们工作到哪了？或者：我在哪里提到过某某概念？这时候助手们就开始把手稿上的相关部分读给他听，埃利亚斯就开始就手稿中的某一个点进行口述。这导致了大量的重复。整个文本也显得支离破碎，重复很多。

有时，新加入的内容重复已经论述过的内容。有时，刚草拟的增补内容不易放入现有文本，就会被放入相关文档之后作为松散的一段。有时，会添加一些非正式的荷兰语的标记，指向它在文稿中原始或者期望的位置。有时，上一轮班的助手键入的增补内容和松散的段落会越积累越多。埃利亚斯显然愿意忽略其中的一些段落，他只把一些段落纳入文稿。其余的就被放到文稿的最末，最后就被粗心地忘掉了。这是一个不太稳定让人困惑的机制，主要依靠个别人——主要是鲁道夫·尼基夫——把增补内容整合成为一个干 xxii
净连贯的文本。埃利亚斯自己做不到这一点。除此之外，很可能在他口述时，尼基夫只是做些整理文本的工作：他从来未曾更进一步扮演编者的角色。这种状况如果考虑到以下事实就更复杂了：助手们虽然都很聪明、熟练而且懂得多种语言，但并非总是能够完全理解《符号理论》的内容，对它的内容也不熟悉。因为该书的主要内容已经完成，并且在一年前已由另一个助手团队（除了尼基夫）准备好了出版。

2010年，我从德国内卡河畔迈巴赫的德国文学档案馆取得了当年埃利亚斯的助手们使用的工作软盘里有关文档的拷贝，在埃利亚斯过世后，这些文档跟他的文稿一起都被存档了。在其中的一个文档中，我发现了米克·范·施蒂格特在1990年7月29日根据手写的记录录入的最后一段口述稿。翻阅完这些软盘让事实清晰起来——我之前的担忧被证实了。鲁道夫·尼基夫在1990年8月5日给我的那份导言的手稿显然是不完整的。在一个名为INTSYM.doc的文档里，我发现了他曾给我的整个15页的打印稿，一字不差。这一部分文档明显比后面的部分经过修饰，这意味着尼基夫已经对他们进行过修订。添加在这部分之上的，从16页开始，就没有打印完整的了，而是关于这个导言中不同主题的分散的、孤立的段落群——被星号分割，包含许多古怪的荷兰语的标记评论（范·施蒂格特证实这是助手们留下的）。不少段落明显被划掉了，而其他段落则被修订过，不过却没有被整合到最终的文档里。鲁道夫·尼基夫看来只是把经过修订的清晰干净的前15页给了我。

在现在这个版本里，我尽可能恰当、不留痕迹地把所有不存在歧义的段落（包括米克·范·施蒂格特在埃利亚斯去世前三天写下来的那些）都整合到第一版的导言中。总计有15个文档含有这种增补的段落，其中部分更适合拼凑起来形成某种观点。因此，最后增加了四段，其中有些很长，有些较短，还有对导言的增补新写的说明。它们被插入原文的地方我都在脚注里注明。

xxiii 我想，在导言上花的这番功夫，相比之前那个较短的版本，让本书更丰满，更能够展现埃利亚斯晚年到达的阶段。实际上，被重新发现的一些段落含有明确的评论（之前没有以这种方式精确表达过），把《符号理论》放在了更广泛的主题和很多其他人的工作背景中，让书中东拉西扯的观点有了一个简洁明了的表述。比如，埃利亚斯明确称《符号理论》提供了重要的参考理论框架；关于问与答的“三重进程”概念；语言所具有的“对话性”基本特征；毕达哥拉斯定理乃是知识在长期默默无闻的发展中一种个性化的逆向迸射；他对皮埃尔·布尔迪厄关于符号以及雅克·德里达关于语言和语言符号的作品的评论。我们希望重新建构的导言更加接近于在埃利亚斯本人监督下他写下的这些新增加的段落整合到原来文字中的样子。跟旧版本相比，他希望引起我们重视的若干要点在新版本中更加清晰地展现了出来。

我在1991年版的《符号理论》的导言里对主要内容的描述中也展现了埃利亚斯晚年工作的场景。这一场景尤其帮助我们更加宽容地理解本书具有的挑战性——很多评论家对此提出过批判。本书重复啰嗦的特点也许并非由于埃利亚斯的顽固，跟他的迟钝关系也不大。这也许只是他和他的助手团队一起工作的方式而已。也许，埃利亚斯并不是完全拒绝我的很多建议（比如删除某些重复的段落），只是他的近盲状态让他无法进行那些必要的修改。另外，他的耳聋让他难以理解我的口头提示和写在手稿上的书面建议（如果他的助手们读给他听过的话）。

我再次重申，《符号理论》的现有版本基于1989年和1991年以两种不同形式出版的内容。但是，1989年到1991年两个版本的内容跟我在1988年交回埃利亚斯的那个对原始手稿进行过编辑和结构化的版本有显著不同。鉴于他又在我已经编辑过的版本上进行了修 xxiv
改和增补，他的工作方法导致了某些部分缺乏我曾经引入过的结构性和连贯性，这让本书的文本重复啰嗦并且衔接得不太好。对于这个新版本中存在不少语义重复的情况，我们心知肚明，但也不大可能全部剔除它们。因此保留它们的原因就很明显了。因为保留了大量重复的内容，编辑文本的时候，我们不得不对特定的段落进行大规模的重新措辞，并以脚注形式进行阐明和澄清，这些工作通常是在编辑第二版的时候才进行的。

关于编辑体例

在新版中，《符号理论》的内容已被仔细校对，并在某些细微处做了修订，以整体上和著作集的编辑体例一致。

在用英语写作时，埃利亚斯有自己的风格，包括有时不太符合语言习惯的用词和标点，这些大部分源于他的母语德语。看来，他早期很多英语发表的作品没有经过很好的技术性编辑。难题在于，在多大程度上修订这些文本是可以接受的。我一直遵循着著作集编委会认可的编辑体例[18]。我曾订正过这些早期文本上的印刷错误和细微的语法错误，也对标点符号和语序进行过轻微修订（在不影响文本的表意情况下）。我还偶尔在方括号里增加字词和短语，或者为了澄清含义而提供解释性的脚注。在很少数情况下（使用上标字母），一般是为了让文本更具可读性，有必要在此做某种更加彻底的修订，最初使用的字句会列举在文字异文表中（第 175–180 页）。当提到埃利亚斯其他书籍和文章以作相互参照的时候，尽量选自
xxv 《著作集》的版本。如果提到了《著作集》尚没有出版的卷，参见的会是较早的版本，但是《著作集》中即将出版的卷号（某些情况下

⑱ 对编辑体例更充分的解说见 *An Essay on Time* (Dublin: UCD Press, 2007 [Collected Works, vol. 9]), pp. xiii–xiv。另见 Stephen Mennell, 'Reflections on editing Elias's English', *Figurations: Newsletter of the Norbert Elias Foundation* 26 (December, 2006), pp. 3–4。

是标题）也会用方括号标明。

还有其他一些埃利亚斯惯用的风格点需要指明。他过度使用了“one”一词。这一用法清楚地反映了德语中把“man”（类似法语中的“on”）当作被动语态的另一种用法；在英语中，这样做注定会引起歧义。在埃利亚斯的这一习惯引起严重歧义的地方——这个“one”指的是他自己还是他所批判的别人？——我都修正了它。并且，尤其就美国语法而言，埃利亚斯有过度使用关系代词 which 的倾向；为了更清晰，有些地方我将它订正为 that。不过，在保证表意清楚的条件下（通常如此），我还是保留了埃利亚斯的行文风格。

值得提醒读者的是，埃利亚斯（尤其在《符号理论》里）使用“人的印象”（human image）一词的方式容易引起歧义。这个词读起来完全是指人对于任何物体的印象——但是这并不是埃利亚斯在此处使用的含义。在其他地方，特别是在“个体的社会”一章中[19]，他通常写成“人自身的印象”（human self-image），这明显是指人类（整体上，或者在特定时间地点）对自身印象的总称。本书中某些地方，“人的印象”似乎跟“人自身的印象”同义。但在其他地方，埃利亚斯又意指人类（通常被哲学家）创造出来的特定形象，比如，理性的、非理性的、动物界的、神的。对各种含义的“人的印象”，我原封不动地加以保留，而没有对它们进行逐一注解；因此在此预先提醒：读者应该分辨该词在不同语境中的含义。

像他那个时代的大多数作者一样，埃利亚斯直到生命的最后几

---

⑲ Norbert Elias, *The Society of Individuals* (Dublin: UCD Press, 2010 [Collected Works, vol. 10]).

年，无意识地使用着后来被称为“性别化的词汇”，这就是说，他经常用男人（men）代替人类（human beings）或人们（people），以及用他（he）代替他或她（he or she）。像其他很多作者一样，他开始感觉到这是错误的，因此，按照他自己在20世纪80年代形成的表达偏好[20]，本书默默地进行了必要的修正。

我应该感谢《著作集》相关卷的编辑赫尔穆特·库兹米克斯（Hellmut Kuzmics）；德国内卡河畔迈巴赫的德国文学档案馆的马瑟尔·莱帕（Marcel Lepper）和露丝·杜尔星（Ruth Doersing）；感谢
xxvi 威勒姆·H.克拉嫩东克，斯特芬·蒙内尔（Stephen Mennell），斯特芬·奎利（Stephen Quilley）和坎斯·伍特斯（Cas Wouters）的帮助、支持和建议。我还要特别感谢米克·范·施蒂格特在我准备这一卷时的大量帮助。没有她的尽职尽责和奉献精神，埃利亚斯这篇重新编排的导言估计永远也不会面世。

理查德·基尔明斯特
于利兹
2011年3月

⑳ 见他在《卷入与超脱》（*Involvement and Detachment*）第109页的注解。

符号理论

导　言

3　本书提出的关于符号的理论[①]本身并不难理解。事实上，进入这一理论的路径显而易见。不过就现阶段的知识而言，理解它有难度。相比于符号理论所联结的诸多不同研究领域里的标准理论，它有所不同，在某些方面还完全不一样。如果很熟悉旧有的理论，那就会导致理解障碍。本书某些章节完全值得读上两遍。它代表了一种高级层面的综合。因此为了理解前面部分，也许需要用上后面部分的知识。粗略一看，符号理论也许被归类为一门关于语言的理论。人们习惯于认为，对语言的研究会产生一门关于语言本身的理论，或者一门关于知识的理论，又或者是关于记忆的理论，等等。不过，这种逻辑不再适用了。人类的种种方面——他们相互交流的行为，他们的学习能力、记忆能力以及其他种种能力——都是清晰可辨而且是相互不可分割地联系在一起的。而且，这些都是他们使用符号的不同方式。当我们说话的时候，我们持续不断地调用我们记得的词汇。我们知道我们即将要说什么，并且对谈话对象的反馈作出回应。“理性”、“知识”、“记忆”等名词给我们一种事物是独立

① 开篇这一段是从德国文献馆文件库保存的电脑磁盘里找回的之前未曾发表过段落的第一部分，见“文本说明”第 xxii 页。——编者

存在的印象，但如果代之以相关的动词形态，就容易认识到这些看起来孤立的事物形成了一种相互联系的功能网络，这就要求一种包罗万有的参照理论框架。符号理论就是这样一种参照。

在本导言提出和讨论的许多问题，并非传统社会学（它今天只 4
处在其发展的相对早期阶段）的问题。在目前这个阶段，社会学不仅很难把握一个事件的出现要以另一个此前事件的出现为先决条件的过程序列，换句话说，社会学不仅需要对这些过程进行认知和以符号形式表达，而且还需要充分理解以下事实：有可能在一系列不同层次的综合中定位事件。②

以我们称之为空间中的向量为例。它可以用长、宽、高这样的概念来表示。但在更高的综合层次上，它也可以用“空间”这个概念来表示，不过，在人类的发展中，诸如长、宽这样的概念并没有居于由“空间”这个概念表示的更高的综合层次之前。而且“空间”概念与“维度”概念相比，则表示了一种在更低概念层次上的综合；“维度”概念隐含着空间并非是唯一的向量层次的含义。空间中一个事件的全面定位，需要对其在时间上加以限定，这是一个重要的科学发现。如果不与其时间定位密切相联，那么一个事件要在空间中完全定位就是不可能的。事实上，当人们说“爱因斯坦发现了我们的世界是一个四维世界”时，并非是说，在爱因斯坦将其揭示出来之前我们不知道在“时间-空间”层次上的各种定位手段。任何空间长度的改变同时也是时间的改变。认为在爱因斯坦之前从未有人认识到这一事实的看法是令人难以接受的。爱因斯坦的一大功劳

② 见“整合层级”，见前 xv 页注释 7。——编者（此处页码为原书页码，即本书边码。——译者）

在于他有勇气对一个明显的事实作出科学的证明和表达。

假设我正手拿一份街道平面图，访问一个陌生的城镇。在这种情况下，我毫不迟疑地就能区分出两种类型的存在。我把眼前的街道、房子以及广场作为真实存在物，而把这份城镇平面图作为那些现实的符号表达。在这个例子中，不必怀疑符号与现实的相符。平面图的绘制者也许会出错，但是一般而论，人们会相信即使是出于私利，出版商也会确保错误已被纠正，他们出售的城镇平面图乃是此地布局的准确的符号表达。如果我们把一个城镇的物理和社会单
5 元，与地图化的城镇布局的符号表达之间的关系作为一个模型，就会遇到一个困难，如果我们不正视它，这个困难就是难于克服的。这个困难似乎太微不足道了，不值得更进一步细查。但把一个城镇与其地图之间的关系概括为一个真实存在的东西与一个仅仅作为其符号表达的关系并不是没有道理。它满足了我们这个时代把差异当作对比的习惯性倾向。但在这个例子中，这种对比的涵义乃是想象与现实的比较。地图与城市有着不同但并非对比的存在方式。

到目前为止，即使差异性最大的语言，也不足以为那些以其为交流手段的人们提供尽管有差异但并不对立的关于事物的现成语言符号。作为商品，地图形成了其表达的城镇同一层次的部分现实。作为此城镇的符号表达，地图同时又与此城镇有所区别。为了绘制和使用这样一张地图，人们必须能够把自己和城镇的物理现实拉开距离；在某种意义上，他们必然要从城镇当下物质集合体的层次上升到某种综合的层次。

符号表达有多种类型。地图只是其中的一种。而语言是另一种类型。当说英语的人观察夜空时，可能会用一个声音模式“moon”

（月亮）来表达。在他们的语言中，这一声音模式在符号上指代夜空中那个最大的可见物体。通过大量类似的声音，人类可以相互交流。他们可以在其记忆中存储知识，并且将其世代传承。通过非常明确的社会标准化的方式，使得在同一社会中的同一个声音模式，被全体社会成员在或多或少同样的意义上，被认为是指代同一个知识事物的符号。

另一个例子是“病毒”一词。当人们发现了某些能够引起某种疾病的比细菌还小的微生物，而又需要一个通用的符号使人们可以借此交流关于它们的信息时，“病毒”这个词就被创造出来并且被标准化。如果没有这样一个通用符号，那么关于病毒的信息交流即使并非不可能，至少也是困难的。但是，对于名称的需要并不仅限于一些少见的和特定的对象。我们日常生活中的大多数事物，比如纽扣、衬衣、楼梯以及自行车等，如果我们要交流有关它们的信息时，就都需要一个标准化的符号指代。事实上，在一个语言共同体 6
内，任何事情如果不能用语言符号性地表示出来，就不会为这一共同体的成员们所认知：他们不能就此事物相互交流。

这不仅适用于单个的词，也适用于整个句子，整体上也适用于思想。但是，以句子的形式表达出来的符号性指代，与其所指代的事物之间的关系是复杂的。句子以及句子的组合，能够整体或者部分地与其要指代的对象相吻合。没有必要将交流的符号限制在某一明确的对象中。它可以扩大到整个语言共同体甚至包括功能、情景、过程以及符号本身在内的人类的一切知识。这样，任何一种已知语言，都为把它作为交流手段的人们提供了种种符号，这些符号使得人们能够明确地认定他们相互间作出的陈述是指向信息的发送者还是接收者，是指向个体还是群体成员。在现代英语及所有相关语言中，种种人称代词都具有这一功能。③

语言的结构是由其作为交流工具的社会功能所决定的。可以假定，所有的人类社会群体相互间都分享着大量共有经验和知识。但是，它们在知识的内容和范围上却有着很大的不同。于是，人们发现，一些社会的语言中所拥有的知识内容的符号表达，在另一些社会的语言中并不存在。一般说来，在一个社会的语言中未被加以符号化表达的东西，就不会为其社会成员所认识。然而，人们却能辨别不同水平的知识。这样，如同我曾经在别处谈到的一样④，在某个社会中时间经验可以在较低的层次为人们所知并用语言表达出来，但在另一个社会中，则可以在较高的综合层次上被认识和表达。

7 通过符号进行的交流，在不同的社会中会有所不同，这是人类所独有的特征之一。它根源于人类的生物组织。作为人类的交流手段而产生的语音模式多种多样，这是人类语言多样性的前提条件之一。同时这也是知识增长的条件之一。如果语言中的语音模式没有创造性的改变，知识的创新也是不可能的。不同的社会之间可以通

③ 埃利亚斯在《什么是社会学》(*What Is Sociology*? London: Hutchinson, 1978 [Collected Works, vol. 5], pp. 121–8）中讨论了人称代词（我、他、她、我们、你们和他们）的重要性，它们是人类群体的基本坐标。这个主题也是一篇名为“人称代词的反思”（'Reflections on personal pronouns'）的未发表论文的题目，这篇文章是他1970年为莱斯特大学社会学系的教员讨论课所写。德国内卡河畔迈巴赫的德国文学档案馆的埃利亚斯论文里有这篇文稿的一份复印件。埃利亚斯在随后第15页讨论埃德蒙德·胡塞尔的时候回到了这一主题。——编者

④ 见 Norbert Elias, *An Essay on Time* (Dublin: UCD Press, 2007 [Collected Works, vol. 9])。——编者

过不同的语言手段进行交流。同样的事件、同样的经验可以用不同的语音符号来表示。在人类语言中人们可以发现许多个不同的语音符号来指代在英语中被称为“moon”（月亮）的物体。人类的交流方式要以他们的自然构造为先决条件，在这一点上他们和动物是共同的。人类在其生命的早期阶段就天然地准备学习语言。人类不同于其他生物之处在于，作为交流的主要手段的语音模式，不是整个物种的特征，而是他们生存于其中的社会的特征。进一步说，这些我们称作语言的语音模式并不是靠遗传来定型的，而是人为的，它由一个社会的个体成员通过长期的学习过程而获得。

人们可能会正确地指出，所有这些都是显而易见的。但显然，人们所掌握的第一种语言，即母语，并非人生来就会而需要通过学习获得。同样明显的是，语言并不是人类天然的遗产，它因社会的不同而各不相同。尽管如此，和其他一些标志人类与其他动物相区别的独有特征一样，这些问题很少被放到当代学术探索与讨论的中心。这表明了当代人类科学，尤其对于像社会学这种包含综合的最高可能性层次的科学的一个主要缺点，即他们用以研究人类的基本模型既混乱又令人困惑。在这个与心灵领域不同的自然属性受到广泛讨论的时期，自然科学的代表者们都把其特征定义为科学。和超自然的事件相比，对于事物独特的自然特征，人们已经达成一定共识。

但是在科学所采用的研究人类的基本模型方面，却没有取得类似的共识。如同人们所料，各个学科为了争夺绝对霸权正投入一场 8
胜负未料的争斗。某个时期，似乎经济科学能够提供一个关于人类的总体模式，同时，生物学家们从来也未停止过宣称他们自己在人类科学中的领导地位。本书的探讨也许会让人们看得更清楚：在所有的可能性中，所有这些人类科学，在它们现在的形态上，都不够称得上能为人类的基本模型提供所需的基本信息。

把一种符号理论的简短导言置于已为人们所接受的人文科学框架中，或许并非一件容易的事情。[⑤]尽管它在人的生物性方面留有足够的余地，但却不适用于现在已经定型了的生物学领域。它也不适用于目前人们所理解的心理学领域。一种以个体为中心的心理学不可能恰当地探究语言的本质。同样，它也不适合当今社会学主流，因为这一主流到目前为止仍然忽视了复杂的“知识、语言、记忆和思想”所共同需要的范式信息。迟早，我们会感到必须批判性地检视目前人类科学或者社会科学中占支配地位的劳动分工。古老的“身体-心灵”区分为生理学与心理学的区分奠定了基础。政治科学与经济科学之间的区分在某种意义上归因于社会发展到了把职业企业家和职业政治家区分开来的阶段。一般说来，人们似乎理所当然地认为，诸如心理学、社会学、经济学、历史学这样的人文科学的内在结构可能改变，而基于目前制度的学科间的分工却被默认为不可改变。然而，在目前的社会科学体系的背后却是一种未加验证的人类概念，如果对其加以验证，它即使不被证明是彻底误导的，也将被证明很不充分。

社会科学家们探究的问题以及他们发现的解决方法在一个非常高的综合层次上构成了概念的基础，但是关于这个综合层次的问

⑤ 关于本段提出的社会科学诸学科之间关系的问题，埃利亚斯在 *Essays III: On Sociology and the Humanities*（Dublin: UCD Press, 2010）中有更深入的讨论，特别是在 ‘On the sociogenesis of sociology’, pp. 43–69 一文中。——编者

题则提及得很少。它们惯常被当作人类的不变本质被使用，并且在像我们这样的社会里，常常存在着诸如“自然与文化”、“身体与意识”或“主体与客体”等二元对立。如果自然与文化或者自然与社 9
会被理解成这样，你将会发现很难跟上本书的论证。当然，人类的文化与人类的自然有可能背道而驰。但另一方面，人类的构成使得他们必须生产专门为其自身社会服务的文化产品。人类体质上的成熟亦需要一个社会学习过程作为补充。如果他们没有学习语言的社会机会，他们用以学习语言的生物准备就仍然闲置。对人类而言，其生物性和社会性过程要变得有效就必须彼此密切相关而不是两极对立。

进而言之，传统的关于知识和语言的理论企图把个人的认识或言语行动作为其研究任务的起点。他们的出发点是这个世界上的一个相当独立的个人，他（她）挥动着双手接受着那些不知出自何处的诸项知识，并且寻求着解答：这些知识如何能够完成在人们间相互传递的任务，它们如何能具有与知识传递的对象相一致的意义。声音模式如何能够向对话的接受者传递图像，或者换句话说，声音模式如何能够向对话的接受者传递与发送者相联系的意义？这个问题与一些相关证据是一致的，因此问题的答案也必须围绕这些证据来寻找。

但是，人们必须首先摆脱习惯的强制性力量。习俗已使得正在寻求这类解释的人们惯于探求带有出发点特性的答案。这种答案是不可能找到的。一种语言的形成，像知识的形成一样，是一个不存在完全断裂的连续过程。换句话说，人们最终期望发现的是永不间断的语言流与知识流——携带着标准化的交流和定向工具。它的存在，取决于使其标准化的技术，而这些技术可能或者不可能被人们判别出来。在一个社会中，控制知识和言语形式的能力往往是权力机会分配的附属物。整合与分离的消长常常在一个社会的语言和知识的发展中留下印记。

在很多人看来，[6]人类诸社会的实体情况，无论从其哪个方面而
10 言，现在都并不明朗。这就是我们在此遇到的诸多困难之一。人们知道了自然进程和事件的实体情况。但是语言并非自然数据。以下文字的任务之一，就是要厘清它们的实体情况。把哲学[7]视作终极知识，视作所有其他知识的基础，这一趋势极大地妨碍着这一澄清工作。它妨碍我们认识到，知识是没有起源的。事实上，你可以说现在很多关于知识本质的探讨就是对知识起源的探讨。主客二分本身就是一种对起源的隐晦探求。它其实是这样的问题：知识主体有无起源？知识客体有无起源？认识到知识跟人类本身一样并没有绝对的起源，这会帮助我们将噩梦挥去。知识是一代传给下一代的，这个代际链没有启端。作为人们之间的交流，知识并不从他们任一方开始。它的本质特点是人际的和社会的。主体-客体关系无可避免地也是主体-主体关系。

人类之间的关系以及交流，是所有社会性事物的基础。人类的

---

⑥ 本段和以下 14 段此前并未出版。前一个版本导言的后续文字如下：‘关于知识的（哲学）理论……’，第 17 页。——编者

⑦ 在后续多页里对哲学的认知缺点的持续评论后来成为埃利亚斯科学写作中一再出现的主题。他对此问题的明确表述可以在他写于七八十年代的很多纲领性的论辩文章中找到。见 *Essays I: On the Sociology of Knowledge and Science* (Dublin: UCD Press, 2010 [Collected Works, vol. 14])。——编者

语言是整套的符号，这不禁让人问道：通过这些符号工具进行相互交流的人们是怎样的？首先，它引起这样的问题：某个人产生的语言符号怎么能够为另一个人所知？一门语言要满足人际间的功能，符号们的意义必须既要被信息的发送者所知，也要为接受者所知。语言本质上的“对话”功能通常被忽略了。如果语言不能为一些人所说出来，那语言整体的功能就显得危险了。但是不同的人如何说着同样的语言呢？这是本章的中心问题，此问题提出来不易，但是 11
一旦提出来回答它却很容易。

哲学家们很少考虑语言。他们大部分是传统的囚徒，认为人类是个体，与其客体独立存在于世，他们孤立地使用语言符号，并对为何这样不甚了了。实际上，某些哲学家渴求与客体的直接交互而无需将词汇作为主客体交互之间的中介。奇怪的是，他们认为语言符号的首要功能是指代不在此时此地的客体，这样，语言符号被认为是不在场的客体的替代物。虽然很容易观察到，人类相互间进行的对话让人们无论对在场的客体还是缺席的客体都可以使用同样轻松的句子和词语。你可以清晰地表达出昨天我在商店橱窗里看到的桌子和此时此地在我房间里的桌子的不同，以及昨天夜晚的星空和现在灰蒙蒙的夜空的不同。这些哲学家们对语言问题的研究路径，被这些认知的阻碍严重地局限了。要让这个讨论更丰满，我们需要更多的例子。

在大多数情况下，哲学家把语言当作自然科学对象来研究。在他们的思考中，排除了这样的事实：虽然以语言为工具的交流是人类普遍现象，人类经常可被观察到的语言，却是因国家、部落、生存单元[8]而不同的。为了让语言适配哲学传统，哲学家们通常限定自己研究单数形态的语言，就是说，语言是人类种族的一个自然的特征。语言具有的因群体而特有的特征不在哲学的研究视野之内。这样，人类语言的核心特征之一就被排除在哲学研究的范围之外了。某个人产生的一整套语言符号的涵义能够被某些人所理解，但是无法为所有其他人类所理解。它只能够在说话者的语言共同体里被理解。为什么是这样？这很容易回答。人类语言没有被植入人天
12 生的语音束。人类种族所有成员共同的遗产是人学习语言的能力，我在此书中要说的就是，这才是事情的症结所在。自然和社会通常被认为是相敌对的。但在人类语言这件事上，它们却携手合作。通过语言符号方式进行交流的人类的普遍潜能，通常是被某一特定社会的语言所激活的。也许在很久很久以前，人类的祖先们组成了相对较小的群体，他们操着多少相同的原型语言。也许在不久的将来，人类会又一次融汇成一种主导性的共同语言。但就总体而言，人类说什么语言只能通过在某一特定社会里生活实现，这种自然的倾向仍然是相同的。

语言通常被特征化为整套的符记（signs），这并非没有道理。你也许想过这可能会引导哲学家们去问：谁把符记给了谁？但正如我

---

⑧ “生存单元”（survival units）这个概念在第二章和第九章会有更多的讨论。埃利亚斯在晚期作品里大量使用这个词，特别是在 'Changes in the we-I balance', in *Society of Individuals* (Dublin: UCD Press, 2010 [Collected Works, vol. 10]), pp. 137–208 中。在《社会学是什么？》中，埃利亚斯使用过“攻防单元”(attack-and-defence units) 一词，后来他放弃了该词，用更喜欢的“生存单元”代替了它。另见 Lars-Bo Kaspersen and Norman Gabriel, 'The importance of survival units for Norbert Elias's figurational perspective', *Sociological Review* 56: 3 (2008), pp. 370–87。——编者

以前说过，主客体的关系并不在他们的计划里。综合多种因素，我发现“符号”（symbol）一词更可取。它更丰富地承载了动词态、形容词态的修饰语。“symbol”一词比“sign”一词更清晰地具有再现、代表的功能。它可以很容易地从哲学家偏爱客体本身的任何纠葛中分离出来。哲学家们总是生活在只接触纯客体的理想世界中，似乎它跟词语、思想这些媒介物无涉。哲学家们拥抱世界本身的渴望，带着浪漫的气息，但不过是个幻象。

当代最著名的语言哲学家之一，雅克·德里达[9]，曾经生动地描述过他自己作为一个研究语言的哲学家的工作程序，以及他根据哲学传统对于符记（signs）如何构成语言的想法。作为一个研究语言的哲学家，以及也许跟所有哲学家一样，他在其他哲学家写就的诸多文本框架内工作。通过“解构”，[10]一种对同僚哲学家们的文本进行批判性分析的概念工具，这位哲学家发展出了他自己的观点。一个 13
哲学家激励了另一个，哲学的近亲繁殖并不罕见。

一个引人关注的遗漏是对哲学探究的客体的遗漏，在这里就是对语言的遗漏。只要哲学家们主要关心对自然科学和其客体的探寻，哲学客体之本质的问题就能被令人信服地看作是一个公开的问

---

⑨ 雅克·德里达（1930—2004）：法国著名哲学家和“解构法”（一种文本批判的方法）的创始人。一位多产的作家，最有名的著作包括 *Of Grammatology* (Baltimore, MD: Johns Hopkins University Press, 1974), *Writing and Difference* (London: Routledge & Kegan Paul 1978) and *The Margins of Philosophy* (Brighton: Harvester, 1982)。——编者

⑩ 手稿里写作“décomposition”；在德里达作品的背景里，埃利亚斯应该是想表达“déconstruction”。这可能是因为某个助手的抄写错误，或者埃利亚斯自己的发音口误。——编者

题。如果一个语言哲学家提出同类问题，这几乎是不能被忍受的。哲学对语言的探究只可能在语言的帮助下才可能。很难看到如果没有提及所谓语言的硬事实，没有提及关于语言的事实证据，一门语言哲学如何能够实现其认知的使命。社会学研究语言，无论如何不可能仅仅依赖于文本。它要求对语言本身的更深入观察。

困难在于，语言的本体论地位现在很不清晰。也许，像《符号理论》这样的探索能够让其更明朗。像很多其他哲学家一样，德里达对知识整体上的本体论地位不是非常明了，尤其是对哲学知识。对不在此时此地的客体的再现，通常被认为是符记的主要功能。我不确定这是否正确。一门语言的概念性符记可以刚好被用来指眼前的客体。比如，“那边那桌子多少钱?”，“你看到我们头正上方夜空里的星星了吗?”总的来说，你可以说语言传统似乎把一门语言里的符记看作是个体发送到虚空里的。很少看到有人讲明白语言是在发送信息的人和接收信息的人之间的交流工具——即，语言是优质的社会数据。

在德里达英文版的《书写与差异》导言里，译者讨论了翻译的困难。[11]他评论说，把德里达的著作从法语翻译成英语几乎是不可能的，因为他在早期著作中经常使用含混不清的词汇，并且随意组合。他并不总是让他的读者明白那些表达他理论中核心词汇用法
14 的特殊词语组合。译者总结道，用好懂的英语表达德里达的法文原著，这种努力也许不是翻译这个词可以替代的。他认为，他的所作

[11] Alan Bass, translator's introduction to Jacques Derrida, *Writing and Difference* (London: Routledge & Kegan Paul 1978), pp. xiv–xv. (Translation of Jacques Derrida, *L'écriture et la difference* [Paris: Éditions du Seuil, 1967]).

所为与其说是翻译，不如说是转换。⑫

这些困难可以理解。德里达以一种高度独特的方式使用法语。他几乎不在乎这一事实——语言的基本功能是人们之间交流的工具。他创造了自己版本的法语，让读者面对这种德里达法语，如果他想成为这种哲学家的形而上学的新手的话。

比较容易理解的例子是法语词“差异”（différence）的用法。这看上去是个无关紧要的词，可以方便地翻译成英语或者其他语言。但德里达却认为它意味深长——其“差”（to differ）的重音稍有改变就能被转化为另外一词“différance”，重点在“延异”。⑬他着迷于玩弄词汇，对他来说这两个词其实是同一个词语的不同形态，一个指代此时此刻的活跃状态，另一个更多表达在时间序列里的相同或者相似的状态。

用同样的方式，德里达表明视结构哲学中的形而上学为己任，让他的读者们猜测他只是想解构形而上学，还是在解构之后还要建构新的形而上学。正如他的英语译者观察到的，

> 德里达经常回到他自己的作品，并且预言其他事，但却并不明确说明；……这一困难还混杂着他频繁地使用古典哲学的专门术语，同样也没有明晰的解说和介绍……德里达的写作总是充满了对同感共鸣的密切关注，以及词源学的幽默

---

⑫ Alan Bass, translator's introduction to Jacques Derrida, *Writing and Difference* (London: Routledge & Kegan Paul 1978), p. xvii.

⑬ *Differance* 是德里达杜撰出来的一个词，发音同日常词语 difference，用来表示：由于其包含的各种组合可能性，加上其他因素，符记或者词汇的含义从来不是一成不变而是不稳定或者“延异的”。——编者

双关。[14]

如果不惧辛苦，阅读德里达其实非常有趣。他随意组合词语，
15 通常高雅而又幽默。在一次访谈中，他提到在他最新的书（《书写与差异》）中他给了自己一个最值得称赞的任务。他的目标是对哲学概念的系谱进行严密的令人信服的检验来“解构”哲学，以明确哲学史上被隐藏、禁止或者压抑的各种问题。[15]但令人非常遗憾的是，德里达的这一努力被不得不认为是失败了。他解构了一些旧的形而上学哲学，但又建构了另外一种。他的作品虽然新颖和独出心裁，但仍可看出延续了传统主流哲学一些大师的血统，特别是胡塞尔和海德格尔。[16]在这一传统中，《符号理论》试图探讨的问题仅仅在关键词“意义”（meaning）和“符记”（sign）下得以讨论。

如我所说，关于语言的传统哲学的一大显著标志在于，它研究客体，似乎它们是一小片自然。至于主体，研究语言的哲学家们通常被他们的同行责难为将他们自己（多少有些孤立的个体）的符号化表达作为语言的主体。让我们以德里达和胡塞尔之间关于符记“我是”（I am）的存在状态的讨论为例。胡塞尔宣称“我是”这个短

---

⑭ Derrida, *Writing and Difference*, p. xv.

⑮ 见 1967 年 12 月和亨利 · 龙瑟的一次访谈，标题为“言外之意”（Implications），in Jacques Derrida, *Positions* (London: Athlone Press, 1981), pp. 1–14，埃利亚斯引自《书写与差异》中巴斯的译者导言，第 xi 页。——编者

⑯ 埃德蒙德 · 胡塞尔（1859—1938），弗赖堡大学的现象学哲学家，埃利亚斯 1920 年曾在那里做访问学生，听过他的讲座。马丁 · 海德格尔（1889—1976），是胡塞尔在弗赖堡大学哲学教授讲席的继任者，以其“基本本体论”以及对“存在”问题的探究而闻名。——编者

语是个偶发的表达法。在胡塞尔看来，这个表达的含义跟特定场景息息相关。“我是”的表达随着人的死亡将变得毫无意义。德里达不这么看。“我是”即使说话者去世了依然有意义。[17]一种奇怪的阻碍抑制了这些哲学家们对代表第一人称单数的人称代词的思考。但是，这系列的人称代词或其相对等的语法形式的基本功能，在于指代某人相对于与其交谈或以另种形式交换讯息的那个人的状态。在这种情形下，代词“我”（I）指的是此刻的说话者，而“你”（you）指的是与说话者谈话的那个人。“他”（he）、“她”（she）、“它”（it） 16
指的是第三个人或物。复数形式的人称代词也有着相应的功能。“我们”（we）指的是说话者认为与自己一起的群体，“你们”（you）指的是说话者谈话指向的那个所属的群体，“他们”（they）指的是当下没有包含在谈话中的第三个群体。如果没有声音符号实施这些功能，人类之间有意义的讯息交换简直没有可能。

胡塞尔显然认为人称代词无法行使任何普遍性的功能，但是，如果没有它们或者对等的语法形式，一群相互交流的人就无法定位彼此。这个典型的例子让我们看到了研究科学的哲学路径和研究符号的社会学路径的一个主要差异。社会学的路径打开了如此认识：语言是人类交流的工具：它们是自然事件与社会事件融为一体的产物。如果语言被认为是某人自己的产物，某个个体的产品，人们就无法理解它。

在历史上以及在可预见的未来，我们的任务乃是让对这个世界

---

⑰ 引自 Paul Moyaert, ‘Jacques Derrida en de filosofie van de differentie’, in Samuel IJsseling (*ed.*), *Jacques Derrida: Een inleiding in zijn denken* (Ambo: Baarn, 1986), p. 45.

的符号呈现与其呈现的世界相一致。正如所看到的，一种新奇的理论即将发生。与旧有的理论不同的是，它的结果能够被经验的证据所验证。现在我们使用“太阳”这个符号明显比一百年前或者一千年前更与现实相符——一千年前，太阳神被认为坐着冒火的四轮马车在天空穿梭。人类生活在符号媒介之中，这些符号能够比之前更多（也许更少）地与现实相符，我认为这是颇具分量的社会学发现。某些时候我们有这种感觉——社会学家对在他们的领域里作出跟在自然科学领域里同等重要的可验证的发现已经不抱希望了。连作出如此发现的信念都没有，他们自然不会将其实现。在人类科学的领地里，很多发现还等着我们去实现。本书里能够找到一些这样的发现。⑱

17 以主观-客观二分为核心模型的知识理论表明，人们易于接受能够把自己设为显要位置因此而真正认同自己的理论。在关于知识的哲学话题中，认识到普遍性的自我并不困难。对于作为主导性理

⑱ 我并不想剥夺我的读者对此书有监控权的感受。关于符号的社会学理论已经很久都没有得到进一步的研究了，在相当长的一段时间里我一直为这一事实所苦恼。两星期以前，我知道我的朋友皮埃尔·布尔迪厄也准备出版一本关于符号的著作。（很可能指的是布尔迪厄的《语言和符号暴力》[*Language and Symbolic Power*, Cambridge, MA: Harvard University Press, 1991]）我期待着以最强烈的兴趣去阅读他对这一我为社会学未来赋以最大价值的主题的看法。我不知道布尔迪厄是否已经阅读了我为最近出版的《符号理论》所写的导言。（指的是1989年在*Theory, Culture and Society*杂志上分三次发表的《符号理论》第一版，见前《文本说明》）在这种情况下，我想我们两个朋友和同代人对同一主题的贡献应该清楚无误地分开，这样才是明智的。布尔迪厄要出版他自己的关于符号的理论，对此事实我并不知情。在出版我自己的著作之前，我也没有阅读过他的著作。因此我不能去查阅他也不能使用。如果确实如此，我定然不会在我的出版作品中忽略提到这一事实。（此前未出版的笔记。）

论存在了数千年的关于知识的主体-客体理论的坚执，让人想起宇宙地心说长久以来的统治。当时的人们很乐意知道，人们自己的处所就是宇宙的中心。而当时人们手头有无可辩驳的证据来支持这一错误的假说。太阳日复一日在天空运转，显然围绕着地球，然而，这一错误还是被发现了。

在这个例子中，人们可以清楚地区分作为符号呈现的事物和不是作为符号呈现的事物，后者为此被用一种不同的方式加以分类，即它们都被认定为真实的东西。笛卡尔传统的哲学首要的是他的怀疑哲学。[⑲]它教导其信徒要怀疑。他的那些后继者们的主张未必会远离这条怀疑之路，并且在多数情况下也肯定不会远离它，他们总是带有如此这般的怀疑色彩。笛卡尔基本的怀疑是针对这样一个假定：不依赖于认识对象是人的认识对象这一事实，人就可以知道其认识对象是如何构建的。笛卡尔、康德、胡塞尔以及波普尔[⑳]这一系列哲学家，把这一观点视为前笛卡尔主义的：终有一天，人们将醒觉过来，并发现他们可以不依赖于认识对象是人的认识对象这一事实，而认识到这些对象。笛卡尔主义阶段的哲学家并不总是明确地 18
假定知识的虚妄。他们仅仅说：这是可能的；人类永远也不知道这是否是事实；我们所能做的最诚实的事情就是说：我们在怀疑。

⑲ 埃利亚斯在本书的第七章和第八章论述了这一主题。也见他的“康德唯我论怀疑的笔记”（Note on Kant’s solipsistic doubt），载于 *Essays I*, Appendix I, pp. 290–2。——编者

⑳ 埃利亚斯在下列文章中把卡尔·波普尔的哲学归属为尖刻的批判主义：‘On the creed of a nominalist: observations on Popper’s *The Logic of Scientific Discovery*’ and ‘Science or Sciences? Contribution to a debate with reality-blind philosophers’, in *Essays I*, pp. 161–90 and 191–211。——编者

下面这个例子可能会对我们有所帮助。这是一个至今仍广为人们喜爱的古老事例，即苏格兰哲学家大卫·休谟是如何注意到个人不可能通过自己的个人经验获得作为一种普遍解释的因果联系的概念。以及他是如何进而首先发现这样一个基本的哲学问题：如果不是作为人类自己经验的结果，那么人类究竟如何期望所有未解决的问题都可以在原因-结果联系的形式下找到答案？休谟遇到了阻碍，作为一个最谦逊的人，他承认自己对此问题不得其解。

伟大的伊曼纽尔·康德继续寻求休谟问题的答案，并在他的《纯粹理性批判》中骄傲地宣称他找到了答案。[21]他赞同休谟，认为期望从个体自己的经验中对几乎无限多样的问题都得出因果性结论，是不可能的。但是，他超过休谟的地方在于，他说人们对于因果联系（它几乎可以解决所有未解决的问题，比如“实体”、“上帝”以及其他一些基本概念）的普遍性的期望，乃是人类理性本身的一个特征。康德对这一问题的解决办法是简明的，而且如果他是对的，其结果将是深远的。根据这一说法，因果联系的普遍性并不归因于它们在此岸世界事实中的重复出现，而在于人类智力的结构。康德认为，因果联系是先于任何经验在人类理性中构造起来的，即是先验的。它并不超越于经验之上；假如它超越经验，因果联系就会被看作是虚构和空想。包括因果联系在内的理性的具体形式并不超越于人类经验而是所有人类经验的普遍条件，或者用康德的话

㉑ Immanuel Kant, *The Critique of Pure Reason* (Cambridge: Cambridge University Press, 1998 [1781]), pp. 656–8.——编者

说是先验的，康德把这看作是他的一个重大发现。他对于先前或多或少被视为同义的两个概念作了鲜明的区分。他判定，从现在开始哲学家们应当明确区分两个术语“超验”（transcendent）和“先验”（transcendental）。超验指从经验中得出而又超越于经验之上；先验则 19
是经验的一个先决条件，因此它有可能出自对于经验的系统观察。

康德的先验主义已产生了重大的后果。它隐含着人类永远不能知道我们这个此岸世界是否具有我们的意识和理性看来所具有的那些特征。因为在这种情况下，世界拥有的某些特征是由人类理性的本质、由人类心灵本身的性质所决定的。在康德看来，人类的推理并不能使自己适用于一切可能类型的经验。与世界本身的丰富性相对照，它并不是无限多样的。作为一种指导方向的手段，人类的推理有着确定的界限。我们不得不使我们的经验适合由人类本性决定的一个先决性模式。例如，希望以一种因果联系的形式来解决所有类型问题，这种期望具有强制性的力量。这种力量的根源不在推理对象的本性中，而是来自主体的本性。无意中，康德成了相对主义哲学的推动者。

然而，要解决由休谟所提出的康德自认为已解决了的问题并非特别困难。各种问题的因果性解答都具有令人满意的性质，这一信念不能立足于个人经验。那么它是立足于人类推理的本性吗？还有其他解决方案吗？眼下的回答最简单不过了。没有必要再为推理的自然先决形式这一假定留下一个避难所。“原因”这一术语及其各种各样的运用，是由当代某一语言共同体中的普通成员通过学习过程而获得的。为什么这一显而易见的答案却逃过了休谟和康德的追问呢？或许因为这一答案并不是他们的问题的答案，不是在哲学传统中成长起来的人们提出的问题的答案。他们期望一个合乎因果性的答案，以与他们个体主义的传统相和谐。如同康德的回答一样，在休谟的问题设计中表达出的正是这一传统。休谟说，答案不能从个人的经验中获得，因为对作出一个判断而言，个人的经验范围太狭小了。康德回答说，因果模式的运用，基于人类推理的本性。

社会性的解释，掌握语言以及“原因”、“结果”等词语的知识
20 不仅仅是个人行动的积累，这是他们两个人都没有谈到之处。他们也不认为，发现因果解释与社会内容有关，是某一时期社会习惯[22]的一个方面，是一种社会冲动形式。[23]令哲学家们争论不休的问题——某种思考形式是否并未先于任何一种经验而内置于人——可以轻易得到回答：“原因”和“结果”这两个词是每个人类社会（它们在这样的社会中广为流传）中每个成员自小就学习到的。不仅“因”和“果”，而且其他大量的概念，包括相互关联的诸多概念，都是每一个成长于特定社会中的孩子学习得来的。需要回答的问题是：个人体验差异甚大的人们是如何可能言说和理解同一种语言的？

不能指望从一个个体的个人经验那里得到某种特定类型的解

---

[22] 社会习惯，埃利亚斯简要地定义为“第二天性”，指的是根深蒂固的秉性、情绪和与群体内伙伴们共享的人格特点。德语词“habitus”在两次大战期间的德国社会学里是个流行词，在很多学者——比如马克斯·韦伯和埃米尔·莱德勒（Emil Lederer）——的作品里都能发现，法语里此种情况可见于马塞尔·莫斯（Marcel Mauss）的作品。埃利亚斯在其德语写作里频繁使用这个词，但在本书的第一个英语版本里，却通常被翻译成“个性的养成”或“精神的养成”。随着皮埃尔·布尔迪厄从1970年代以来的广泛使用此词，它在英语世界社会学家里广为人知。鉴于此，埃利亚斯在他晚期英语作品里开始使用“habitus”一词。——编者

[23] 从这里到本段结束，都是未出版过的内容。——编者

释，而应归因于整个群体世世代代的集体经验。如果个人成长于一个毫无疑问地把巫术视作最强大力量的社会中，当他们发现了是女巫引起了他们要解释的灾祸时，他们可能为眼下最急迫的问题找到了全社会要求的解释。休谟和康德都认识到，自儿时起，对因果解释以及“原因”这一术语本身的诉求，就是人们语言中一个自明的要素。人们可能会问为什么他们竟然找不到这种显而易见的答案呢？原因可能是，在他们的社会中以及在他们对这类问题的专业解答中，社会性的解答尚不具备认识价值，并且也不能带来假如他们生活在今天会感受到的满足感。实际看来，认为寻求非个人的原 21
因在任何历史时期都是人们最偏爱的寻求解释的途径的假定是很不正确的。通常先于而且经常伴随这个假设的是，寻求作为事件亲历者的活生生的人，以及关于所有这些事件（作为人们试图解释的行为）的观念。“是谁用闪电毁坏了我的房子？”这样一个问题先于“是什么毁坏了我的房子？”这个问题。在人类发展中，因果性解释取得一边倒的优势地位是很晚以后的事。大多数现代人或许还在寻求解答：“谁创造了世界？”而不是“什么变化导致了物理宇宙中星群的产生？”对长期的过程解释的探寻仍然处在早期阶段。

人们可以把现在的世界经验为自然或历史。人们可以抱着牛顿的态度，把世界看成是一种伟大精神的造物：所发生的一切都服从一个完美的秩序。从自然的眼光来看，世界上的事件不断地轮回重复。它恭顺地服从于伟大的设计者预先制定的不可改变的规律。这种服从的回报是所有存在物彼此之间伟大的和谐。每天早晨太阳从地平线庄严升起，每到黄昏又在静穆中缓缓西下，这将目击到这一切的人们带入按预定轨道永恒运转的自然世界的现实观念中。

但是，人们也可以把这个世界看作是历史的。这种情况下它同样有它的规则。如果选择了这种认识途径，太阳就可以被看作是亿万颗星球中中等大小的一颗。晴朗的夏日那美丽明亮的天空再也不必隐藏它对于人类宿命的漠视。在经历了可以预见到的若干年以后，太阳赖以生存的原子反应将会失去能量。在经过一个我们可以在其他同类星球上观察到的过程之后，太阳将走向土崩瓦解。作为不可名状的广袤宇宙的一部分，太阳系的产生与消亡就像滑铁卢战役一样独一无二。并且确实，滑铁卢战役构成了无论以什么形式我的书桌也是同属其中的同一个自然世界的一部分。不久之后，产生自组织有机体（即我们所谓的生命）的条件也可能消失在宇宙中了。

人类可以用两种不同的方式经验这个世界，既可以处在一个用不变的规则的符号方式最为清晰地表示的世界中，也可处在一个其结构在一个方向或两个互补方向上变化无穷的世界中。这样，人们可以轻而易举地得出这样一个结论，这个世界是由两个不同的世界构成的，一个以符码化的词“自然”为特征，而另一个的特征词则
22 是“历史”和“文化”。事实上，这些符码化的词代表了有序经验的两种不同方式。对理性（它不是立时就明显的）而言，我们的世界容许两种不同的选择方式和秩序观念。在某些情况下是一个世界，在另外一些情况下另一个世界更具备充分的现实性，这不是不可能的。或者不同领域的问题需要这两类不同的符号指代的不同组合，这也不是不可能的。

作为自然中或许是最珍贵事物的一个代表，人类或许有时间并且也可能有机会使彼此间生活得比迄今以来的生活更加愉快，更

加舒适，更加有意义。没有人来为人类做到这一切，实现它要靠人类自己。要在未来千百万年的时间里发现比寻求这些东西（即为了人类自己和所有他们选出的伴随者寻求更好的生活条件）更好的事情，这是不可能的。当然，人类有可能为至今尚不知晓的危险所威胁，这种威胁会伴随着痛苦，并且可能会剥夺生活的快乐，迄今为止人类已经剥夺了自己的许多快乐，可能还将进一步剥夺下去。在这种情况下，更多人甚至所有的人都会作出决定，宁肯死也不愿在世界上再生活下去。与他们作为唯一具有交流和计划合作能力的动物——他们是能如此行动的唯一动物——的责任相适应，他们可能会认定未来会把人类带入这样一个境地，在那里，痛苦的可能性要超过快乐的可能性。如果不是所有的人，那么多数人在这一情况下可能会认定，人类在世界上（或者到时候人类的后代生存的任何地方）赖以生存的条件有可能会结束了。这样，把有关人类生与死的决定交给每一个有关的个人或许是恰当的。我提及这种可能性仅仅是为了澄清一点，即，继续隐瞒真实的条件（从这种真实条件中，人类发现值得尽一切可能去继续他们的共同生活）是不可取的。人类应该尽可能明确未来会有什么在等待着他们。

人们或许觉得，“语言”、“知识”、“记忆”以及其他一些属于同一个知识复合体的术语，已经不再具有它们的习惯用法。作为一个广为流传的习惯，这种知识复合体的不同功能常常被这样理解，就 23
好像在任何一种特定语言中作为表示它们的声音模式而使用的不同语言表达实际指称独立存在的不同物体似的。这样，一种知识过程的语言功能可能被社会性地视作一个客观对象，而知识功能被视作另一个，记忆被视作第三个。如此对待同一个知识复合体的不同功能，似乎它们成了各自分离的和独立存在的客体，这种做法已为本书所摈弃。知识复合体的这些不同功能以及同一个知识过程不能作实质性分离。取而代之的是，我们按其本来面貌重新看待它们，即看作是实质上同一的一个知识复合体的不同功能。这同样可以称作是个人以及社会的本质特征。语言、思想、记忆以及知识复合体的所有其他方面，在我们这里既不被看作是个人性的，也不被看作是社会性的。它们不论潜在地看还是实际地看总是二者兼有，即同时具有社会性和个人性。

其他一些区分也要进行类似的纠正。这样就会看到，人们倾向于把熟悉的区分看作早就为人们所熟知的。关于生命体与非生命体的区分就是一个生动的例子。在这个例子中，人们可能倾向于假定所有时代的人都和今天的我们一样知道生命体与非生命体的区别。但是，人们也清楚地知道，这一区别有时却并不像我们今天看到的那么现实和鲜明。我们称为神话性思维方式的一个特征就是把生命物的特性赋予我们今天看作无生命的客体。毕竟直到20世纪，人们才开始对于太阳能够不知疲倦地为地球上的居民提供阳光和温暖有一种理性的现实认识。由于不了解分子聚变的本质，人们易于从人的行动立场来解释太阳活动。这样，完全从人的知识成长进程来猜测它就不足为怪了。为了达到现在的条件，人类符合现实的知识几千年来必定变得越来越广泛。

从现在的观察视域出发，把人类说成是知识生成的社会单元似乎有点鲁莽，但有强有力的理由使得人们能够接受把人类的发展看
24 作是知识增长的源泉这种观点。最终，对人类的某一亚群体来说，盗用先进知识相当困难，也许毫不可能。在人类群体的竞争中，知

识的进步往往占有决定性的地位。并且，知识给一个群体所带来的利益，没有任何一种人类财富能与之相比，偷盗这些知识倒是相对简单一些。

提出问题这种特别的语言形式，常常被看作是我们走向新的知识之路的起点。它也是人类与他物相区别的标志之一。人是唯一能提出问题的动物。问题表明了个人或群体的知识限度。他们被从不知道答案的人引向那个被认为知道问题答案的某人或某物。现在，在知识增长的这个阶段上，当一个人能够或多或少现实性地区分人类主体和非生命客体时，问题就被从生命主体引向了非生命客体上。曾经，问题仅仅由人类或精神世界的一员引向另一员。在一个人们把自然作为精神活动的舞台而不是原子和分子存在场所的社会中，人们必须同样考虑到“主体”、“客体”或者诸如此类的术语的其他意义。

“客体”这个术语，在主体-客体对立的语境下，仍然与无生命的物理学意义上的客体而不是一般意义上的客体保持着相当密切的联系。它仍不失为某种悠久传统中的一个典型，这一传统要求其信奉者认识到对立面的差异，总是致力于在诸如自然与文化、人造物与非人造物这样的二元对立间进行争斗。[24]就现在的用法来看，“自然”一词实际上混合了往往意义相左的多种看法。“自然”一词或它的分支的用法常常被降低了价值，比如在与“物质”一词（从而与唯物主义）联系起来使用时就是如此。而当它被作为人造物的对立

㉔ “自然”这个概念是埃利亚斯作品中从始至终时常出现的主题。见他的文章 'On seeing in nature'(1921), in *Early Writings* (Dublin: UCD Press, 2006 [Collected Works, vol. i]), pp. 5–22, and 'On nature'(1986), in *Essays I*, pp. 53–65。——编者

物使用时，它的价值则被提高了。它可以有一个唯物主义的基石，也可以有一个唯心主义的基石。在它的传统形式下，人的认识问题
25 并没有给出一个能够让探索者们一致同意的持久答案。“自然”既能用于指代整个宇宙，又能只指称宇宙的非人类层面，还能指称与人类和文化相对立的层面。

关于自身的陈述所具有的特征使其不同于关于他者的陈述，这是完全可以理解的。[25]人们不能清楚理解的往往在于，这种区分是视角性差异，一种经验的差异，以及总的来说是暗含其中的价值的差异，而不是存在方式的差异，不是本体论意义上的差异。主体与客体的差异，也通常被理解为后者，理解为存在方式上的差异。它实际上就是视角的差异，特别是价值的差异。

大量的经验是完全关于自我的。大多数人都有许多自我为中心的经验去看待他们为了生存的奋斗，他们的成功和失败，他们自我评价的提升和贬低。当处理那些体现了其他人类或非人类的价值提升的经验时，这就更加困难了。而且，在高度个性化的社会里，对自我评价的判断通常和某一个体有关，我（“I”）处在人的认同的核心位置。而我们（“We”）则消失了。[26]这样，这个世界似乎被分为两部分，一部分是“我”这个似乎是孤立的人，另一部分是剩下的世界。就是这种价值和观点的差异，表达在诸如主体和客体这样的两两相对的概念中。如果对这些成对的对立概念和其衍生概念研究不

---

[25] 这一段和以下的十段此前未出版。这些段落后继以第 29 页的“自从笛卡尔”。——编者

[26] 更多细节见 Elias, ‘Changes in the we-I balance’, Part III of *The Society of Individuals*, pp. 137–208。——编者

够细致的话，它们就显得是极端对立的事实了。这样，这个世界表面上就被从存在意义上分为主体和客体了。它们之间似乎就有了无法逾越的裂隔。主体-客体的二分因此也就成为把世界分为两极事物的深渊。

两极化的区分能（事实上通常）被理解为代表了两种不同存在方式。不过，这样看来，极端对立物代表了一种物化。当我们提及主体和客体之间的鸿沟时，这就尤其明显。这种表达法暗含了在主
体和客体之间打开了一道深渊。它暗示这两个概念是两个不同的对 26
象，被置于这一巨大分野的两侧。

更进一步的研究会让你认识到，这两个概念指代的是不可分割且相互补充的认知过程的两个不同功能。我指的这个过程尤其是指人类的认识过程。它是个三重的过程——问问题，竭力寻找答案，以知识的形式存储答案。就目前所知，没有其他生物能够问问题。就作为提问者和回答者的能力来看，人类是社会知识过程的主体。根据这种能力，提问者希望知道，在认识过程的某一阶段，哪些是尚未认识但值得认识的。事件是这一认识过程的对象。

可知的任何事物是由语言里的感知元素呈现出来的，这众所周知，因此人们容易把它认为是人类知识自明的属性。尽管如此，在有关知识的理论里，知识的语言表达中，那些体现为听说形式的表达往往无足轻重。关于知识的所有讨论将会被提到一个不同的层面——这很可能达成共识——如果知识和语言不再被看作是本质上不同的，不再被看作是人类生活所需的彼此独立的部分。这样一来，关于知识的任何理论中的核心问题就不再基于主体-客体的二元对立，而是基于主体-语言-客体的三重聚合。

抛开了关于知识的二元论点，作为讨论起点的主体-客体二元对立将会消失。如果更进一步认识到人们可以不依靠它而在世界中定位自我，认为特定形式的思考是人类天生的或者先验的这一假说就会被认为是不可靠的，也就更容易让人远离这种想法：需要使用绝对的开端作为判断环境的不可缺少的方式。你会认识到，用静态的有开端的形式去思考的需要，是被社会习惯哺育出来的。相反，没有开端的、进程的概念是和现实相一致的，它起始于三个层次的基础场景：社会的或说人类的层次，语言的或说符号的层次，非人类客体的层次。人们习惯于用一个定义来开始处理特定主题，这个定义表明了某一个概念的含义的开端和终点，也表明了它的边界。
27 这样，世界看上去就如一碟肉和蔬菜。人类和非人类群体、有生命的和无生命的相互混合，宇宙作为一种以明显可见的相继次序而流动的绵延，其意义也就消失了。

如果某人说人类是三层的结构，他就立即表明了它在宇宙的序列次序中的位置。通过符号方式的交流乃是地球上最具差异性的交流类型。它指的是这样一种独一无二的人类特征：主要类型的人类交流要通过相当长期的学习过程来获得。换句话说，人类不仅能，而且必须通过从其先辈那里学习语言来获得相互间主要的交流方式。他们生来就高度组织化，以致为了获得以其种族内成人们特有的方式进行相互交流的习性，他们必须经历长期的学习过程。人类对学习一门语言的天生依赖，乃是人类交流方式具有非凡可变性的前提。就目前所知，任何动物的交流类型，都无法达到如此的差异程度，以及人类语言能够涉及的记忆领域的宽度。一种或者其他种可感知的模式，为其种族提供判断世界和为了生存无休止地争斗的工具，这一点也不少见。真正少见的，以及也许对人类来说是唯一的，在于这些可感知的模式是人造的，可以因社会而不同的。每个族群都有其自己的语言，而且这一语言是可以变化的。

正如我曾说过，[11]“主体”和“客体”通常被认为指独立存在的不同对象。事实上，它们指的是同一认知过程中的不同功能。“主体”是一个谋求认知谋求知识的人的功能。“客体”指的是被获得的知识的功能。还有与以上两者不能分离的第三个功能：知识交流的功能。如果知识不能从一个人交流给另一个人，那它就不具备知识的基本特征。换句话说，不能认为知识无法以语言的形式产生出来。记忆也是如此。除了弗洛伊德称之为“潜意识”的那种知识形式外，知识和记忆是同一的。同样，知识和思想也是同一的。 28

人们一再地遭遇到同样的习俗。（哲学家们）在语言上将同一种存在的不同功能表达为似乎是独立存在的不同实体。和知识复合体这些不同的功能紧密相连的，是其另外一个通常被忽略的特征。如果某人说一种哲学或社会学知识在他脑海里出现的知识模型，是一种永恒的、如规律一般的、堪比时间和空间的普遍模型。人们可以说，如时间和空间一样存在的知识的这一方面，可以被称为是亘古不变的一般性存在。

但是这不是知识或者时间的唯一方面。这两者还都可以被看作是变化势头无休无止的过程。时间也可以被看作是一系列不可重复的日历数据，知识则是一系列不可重复的世代的数据。[12]这里选

[11] 以下四段，是1990年7月28日和29日埃利亚斯向米克·范·施蒂格特口述的，它们是埃利亚斯最后的学术印记。——编者

[12] 见Elias，*An Essay on Time*。——编者

作模型的是知识那种历时的和代际之间的过程。这不是一个武断的模型。如果研究知识是如何产生的，你会很快发现在这个产生过程中，与更耀眼的个人相比，是更朴实的社会对人类知识作出了更大的贡献。[13] 在中世纪，帆船技术的进步或者洗衣工作的知识均取得了可观的进步。但为什么他们取得进步到现在还没搞清楚。

在人类知识增长的过程中，无名的成就扮演了大部分角色。在希腊哲学家毕达哥拉斯发现三角定律之前很久，这一定律就为巴比伦人所知，不过他们解释这一规律时，没有在高度综合和普适的层次上表达为数学化的规律，而是作为一种经验的规律，其知识对人类的特定实践目标有用，比如金字塔的修建。古希腊人以及毕达哥拉斯本人给巴比伦人的知识增加的是理论学说这一概念，即自然本身有着恒常规律这一假说。当然可能说，朝着更大的一般性前进的这一步是巴比伦人已经完成的，或者有人也许会说，是由迦勒底祭
29 司和建筑师们完成的。但重要的在于，追溯个人化的知识其实在古希腊早期就已经进行。[14]

自从笛卡尔首次提出认识论的基本问题以来，这个问题还没有发生多少变化。这同一个问题在数个世纪里被一再追问。用一个提问的简化形式表示即是：一个人如何确定其对问题的回答是正确的？用古典语言说，他如何确定答案为真？科学知识在跳跃中发展。对于科学回答的确定性以及它们与任何真实世界的一致性的怀疑，

[13] 见埃利亚斯随后在第七章对知识产生的社会贡献和个体贡献的评论。——编者

[14] 在后面的第三章和第九章，埃利亚斯更进一步发展出在知识发展中个体化浪潮的观念，并再一次以古代巴比伦和苏美尔为例。——编者

其力量仍然一如既往地强大。随着时间的推移，这一问题从笛卡尔开始经由康德到胡塞尔和波普尔，已得出了形形色色的答案。无论答案是些什么，笛卡尔式的怀疑一直将其触角伸过了我们称为现代的这几个世纪，其力量丝毫未减。尽管处方在变，但病症却依然如故。

整个现代社会中，以现实性为导向的知识储备一直在稳步增长。但是对于这种知识本性的怀疑却并未消失。一个“真实世界”是否能与关于它的变动的科学化符号相符合，这仍然不能确定。如果说自从笛卡尔和康德时代以来，不仅知识本身增长了，而且与关于真实世界的不断增长的科学知识相符的确定性也在增加，这种说法要冒很大的风险。人们可以找出大量证据来支持对立的观点，即关于自然与社会的科学知识已有了跳跃式增长，但是学者们对于科学符号所表明的世界真相的信心却几乎没有进展。大量证据表明，人们对与现实相符的科学知识的信心是削弱而不是增强了。

在有关人类知识的讨论中，学者们试图避开诸如“现实”或“实在论”这种表达方式，否则就有脱离欧洲古典哲学传统的嫌疑，这一传统下的认识论认为知识并不是一个简单的镜像或对已知物的临摹。事实上，人们可能会说后笛卡尔主义时期的特征在于，知识的加速增长，与关于知识与其所指示的未知世界之间关系的稳定的 30
甚至不断增长的不确定性这两者同时并存。对想象怀着固有敌意并自我标榜具有现实性的知识的无比扩张，与对任何独立于认识者的存在表示的持续怀疑竟然携手并肩。这堪称现代性苹果中的蛀虫。

一般来说，像我们这个具有牢固的科学体制和科学职业的社会，比那些前科学发展阶段的社会能产生更多新的知识。但它们同时也常常对独立自存的知识客体的存在方式产生无休止的怀疑。这很鲜明地例证了，新的知识不仅仅产生于孤立的个人，而且与社会在某一时期发展阶段的特征相一致。流行的知识理论的模式是，个人自身可以产生知识。它们几乎都忽略了如果虑及知识生产的社会条件人们就会遇到的那些问题。如果这些条件被虑及的话，那么笛卡尔或者康德一类的认识论问题就会大大失去其认识论价值。

而在社会中因果性术语的使用和意义这样的问题一般会置于问题域的中心。康德（和其他人一样）是把一般性的解释概念，尤其是纯粹世俗性的解释，即因果联系的一种完全非个人性的形式，作为其母语的一部分来学习的。和其他概念一样，因果联系概念只能作为一个社会的社会用法的一部分来获得。休谟关于因果联系概念不能根据个人经验加以解释的观念是完全正确的。它代表一种层次的概念综合，这个层次的综合是人类个体经验所无法达到的。它假定了一种在离开了他人经验的帮助就无法达到的层面上联结事件的能力。它假定了某一种群的生物性背景，这一背景使其种群的个体代表能够依照经验去学习、去积累、去行动，而这些经验是由先前的无数代人的漫长经历所凝成并世代传承的。

我们完全忽略了这样一个条件，即作为生命体的一个种族是在进化过程中渐渐产生出来的，人们并不仅仅从向其长辈的学习中获
31 益，同时还积累并潜在地求助于祖先世世代代创造和传递的有益经验。这种经验本身的跨代传承方式并不神秘。祖先的经验能够储存在语言的概念中，因而能够传承很多代。对于经验世代传递的模式来说，这些世代积累的经验的次序本身具有极为重要的意义。较早时代的经验积淀可能被强化、被中断，就我们所知甚至可能会被后

代的人们所摈弃。目前，是我们要对有关联结群体命运模式与群体特征模式的现行技术的不完善加以注意的时候了。

由于群体个体成员特征的变化与群体本身特征的变化虽然相关但绝不相等同，这一事实使得我们在此遇到了不小的困难。在公元200年至300年间，罗马帝国改变了，同一时期的罗马人也发生了变化。但是，如此密切联系的这两类变化需要不同的解释。为了富有成效，语言和知识的一种过程社会学[15]方法不得不与已为人们知晓的历史方法拉开距离。后者与短期社会学过程极其相关。在历史学的术语中，一个世纪或许称得上一段很长的时间；但在过程社会学术语中，它又被看作是短暂的一瞬。历史学家们常常只能用个体的生命时段作为衡量其他社会层面变化的标准，比如口头语言或者祭司知识的变化。[16]在这种情况下，正在进行中的知识过程的许多联结可能不被注意，因而不被察觉。长期过程的研究所需要的技术尚需时日。在长时期的社会过程成为常规的研究对象之前，某些特殊的障碍必须加以克服。

---

[15] 埃利亚斯杜撰了“过程社会学”这个词，为的是描述他的研究方法。相较于20世纪出现的比较静态的“构型社会学”（figurational sociology），他更喜欢前者。——编者

[16] 埃利亚斯在后面第七章进一步讨论了历史学家的研究方法。也见他的‘Introduction: sociology and historiography’, in *The Court Society* (Dublin: UCD Press, 2006 [Collected Works, vol. 2]), pp. 3–38。——编者

32 第一章 迈向对人类的综合性理解：重构社会学、进化生物学和哲学

在人类的交流中，语词指称着各种类型的对象，包括功能性和想象性的。这些语词如何实现对这些对象的指称是一个尚未解决的问题。这个问题值得更多的关注。为什么对法国人来说“*étoile*”一词的所指物，英国人则用“*star*”来表示？对这类问题而言，似乎有一道屏障阻碍了具有广泛可接受性的答案的产生。我将给出两条初步的线索，以帮助我们澄清这一障碍的实质。这两条线索都很简单。它们看起来都是理所当然的，然而，它们与语言交流问题的相关性则容易被忽视。

第一个线索是一个简单的可实验的（有人也许认为是琐碎的）观察：一些人到某个国家访问，那个国家的人说的话他们听不懂，在这种情况下，除非他们会说第三种共同语言，否则就无法进行语言交流。由于通过语言进行的交流是人际间交流的主要形式，世界上拥有如此众多的不同语言也是人类的一个显著特征。[①] 世界上只有一种人类，即把使用语言作为主要交流手段的物种；但世界上存

① 对此事实重要性的进一步阐释，见 Abram de Swaan, *Words of the World: The Global Language System* (Cambridge: Polity, 2001)。——编者

在着和存在过数百种甚或数千种不同的语言，这些不同的语言妨碍了不同种族的人们之间的交往。几乎所有自治的种族以及相当数量的不再自治的种族都拥有自己的语言。或许，在人类发育的一个相当早的阶段，世界上只存在一个人类种族，他们说着同一种雏形的语言。或许在未来的某一天，所有人类都会在拥有他们地方性和地区性语言的同时又拥有一种共同的语言。但是，所有这些都只是推测。不过这些设想却并非毫无用处。它们可以使我们意识到统一的 33
语言与非统一的语言，整合性的语言与未整合的语言。而这种二元功能很重要，关于这一点后面还将阐明。

人是一个单一种族的成员的同时还是不同社会的成员。人的这种二重角色易于导致错误的判断与误解：人类的生物性和公共性被看作为社会性的；社会性的则被看作是生物性的。我曾经提到这样一个事实，同一个对象在不同的社会中是用不同的语词表达的。难以想象在任何其他物种中，其交流的主要形式能够达到与社会分化相等同的高水平。

如果不注意这样的事实，即拥有不同语言的诸人类社会为同样的对象使用了不同的语词，人们将难于把握前面提及的语词与事件之间的关系问题。显然，人通过语言进行交流的潜在能力是人的非习得的生物遗传性的一部分。同样明显的是，人类语言交流的自然潜力除非经过个人的社会学习过程的激活，否则就不会生效。语言的习得方式在不同的社会有很大的不同。人类使用过的许多语言都已消失，另一些不断发展并生存至今。这也是一个显而易见的事实。语言理论或许忽视了这样一个事实，语言交流的本性是整个人类的共同特征，而任何一门语言反映的只是某一个特殊社会即人类的一个有限部分的特征。只须回想一下过去曾作过的许多试图教会猿类学习某种人类语言基础知识的尝试，这些企图从一开始就注定了其失败的结局。猿的物种特有的非习得的交流方式具有地域性差异，但是它在通过各种社会学习所表现出来的可塑性上却远远不及人类语言的潜力。只有人类才有巴别塔的经验，即语言在一定程度上整合了社会但却使人类分裂。

一个显而易见的事实如果在科学家的研究工作中屡遭忽视，那么可以明确认定这种忽视是有缘由的。它经常表明了他们研究工作特有的缺陷。在多数情况下，这种闭塞要归因于学术研究中常见的
34 一种智力缺陷。人们或许可以将其称作学术误区（academismus）。其主要特征在于学术门类化的突显以及对相关研究分支中主题的不同意见。[②]这样一来，生物学家，确切说所有那些以从事经典自然科学研究为傲的科学专家们，倾向于对一种而非多种语言进行理论化。从实际情况看，动物王国中再没有一种其他物种的交流手段像人的语言交流能力一样，能适应于和服从于一定范围的社会分化。但是，通过选择性地关注所有那些人类与其他物种共同具有的特征，模糊或否定人类所独有的使得人类与前人类的物种区别开来的所有结构性特征，生物学家们却理所当然地去寻求维持他们对于人类领域的问题的权威。不是种族而是社会所特有的多种语言，它们的多样性以及它们的所有其他方面并不适合生物学家那一学科的目的。

一方面，社会学家们在处理这一问题时，态度也是混乱不清。

② 埃利亚斯在论文“科学体制”以更多篇幅探究了这一主题，见 *Essays I: On the Sociology of Knowledge and the Sciences* (Dublin: UCD Press, 2009 [Collected Works, vol. 14]), pp. 107–60。——编者

他们仍然没有从自然科学模式中明确地解放出来。因此，对他们而言，规律性的普遍现象（比如语言）同样比人类不同语言的多样性具有更高的认识论地位，因为在非人类王国里这种普遍性尚无先例。另一方面，在保卫自己的自由和独立方面，社会学家显得十分坚决。他们或明或暗地试图拒绝生物学家们所宣称的研究人类和人类社会应是生物学的一个分支的主张。这一结果是影响我们观察与反思的又一障碍。作为一个研究课题，生物进化与社会发展之间的关系几乎被彻底逐出了社会学家们的教学与科研领域。生物学家和社会学家们在各自的两条陌路上行进，似乎人的生物性方面与社会性方面是严格地划分并相互独立的，社会学家和生物学家也是两个严格划分和相互独立的职业，而且在任何特定情况下，这都是为生物学和社会学这两个不同学科想要恪守的。如此一来，这两个学科都不能抓住我随后要介绍的对于符号理论的理解有相当重要性的一个事实。这一事实是，在现实中，生物性过程与社会性过程是相互依存的；它们在人们学说语言的最初就能彼此融合。每一个人在 35
童年时期就成熟起来的学习一种语言的生物禀赋，远非各个学术职业和部门所期望的那般独立，而是自然地依赖社会的激活，依赖与操一种特定的语言（即特定社会的语言）的年长者相接触而产生的刺激。

第二条线索揭示了社会科学发育在目前阶段的一个基本难题。和第一条线索中的情形一样，这个难题的核心也可以追溯到知识的一种阻塞。但是，在这种情况下，难题不是由现行的学术专门化所引起，而是由人们在现在较发达的社会中自我经验的典型方式引起，在这种方式下，这一自我意象（self-image）表达在社会科学的

理论中。我所说的自我意象，是指作为独立行动者的个人以及整个
人类的自我意象。③ 20世纪的社会学提供了许多广为人知的典型的
这种自我意象。韦伯和帕森斯的行动理论就是其中最有名的例子。④
哈贝马斯由于对人类交往问题的特别关注，又以交往行动理论的形
式扩展了这种自我意象。⑤但是，如果把在所有这些理论中都能见
36 到的知识阻塞，仅仅或者主要归因于这些理论的作者，可能是一个
错误。他们只不过是作为我们时代特征的一个显著的社会习惯的发
言人和代表而已。⑥它使人们感到，在某种意义上，人们的个体性自

③ 埃利亚斯在其作品中多处将这“自我意象”作为homo clausus（封闭的人），与hominesaperti（开放的人）这一意象相对立。他在本书中多达七次使用这一意象或引用其特征。了解埃利亚斯对这一主题的进一步讨论，见Stephen Mennell, *Norbert Elias: An Introduction*, rev. edn (Dublin: UCD Press, 1998), pp. 188–93。——编者

④ 这里暗指德国社会学家马克斯·韦伯（1864—1920）和美国社会学家塔尔科特·帕森斯（1902—1979）的理论路径，他们发展出关于有意图的理性的行动的一般性理论，代表了个体主义的假设：人用不同的方式自由选择行动。在接下来的第二章中，埃利亚斯继续这一主题。在其他作品里，埃利亚斯把这一路径归结为互动，与他自己的互存社会学相对。见埃利亚斯的论文：'Processes of state formation and nation-building', *Essays II: On Civilising Processes, State Formation and National Identity* (Dublin: UCD Press, 2008 [Collected Works, vol. 15]), pp. 105–18, and'Sociology and psychiatry' in *Essays III: On Sociology and the Humanities* (Dublin: UCD Press, 2009 [Collected Works, vol. 16]), pp. 159–79。也见Richard Kilminster *The Sociological Revolution: From the Enlightenment to the Global Age*（London: Roudedge, 1998），第四章。——编者

⑤ 尤尔根·哈贝马斯：德国社会哲学家，提出一种基于平等的人们“理想的言说情景”的人类交往理论，与被判定出导致很多“系统性扭曲的交往”的理论相对，由此关注到权力的诸多不平等。见Habermas, 'On systematically distorted communication', *Inquiry* 13: 1 (1970), pp. 205–18, and *The Theory of Communicative Action*, 2 vols (Boston: Beacon Press, 1984—87)。——编者

⑥ 见前第20页注释22。——编者

我以及所有其他个人，是作为一种独立于所有他人的单子（monad）而居于世界中心的，而且，人们可以根据个人行动解释包括人类交往在内的所有社会事件。同样在这一情况下，追求独立和自由的强烈愿望将会导致理智对于这样一个事实的无视，即个人的信息，只有按照一种共同的代码表达，才能为他人所理解。对人类而言，语言就是这种代码。交往的单子行动模式很容易阻碍对这一事实的理解。正如莱布尼茨所看到的，重要的是单子没有窗户，相互间不能直接交往，它们只能通过上帝进行交往。[⑦] 如果把个人的各种行动作为出发点，就不可能理解语言的本质。

但是，在这个情况下，如果人们忘记了语言不仅使得人们的交往成为可能，而且也能限制人们的交往，那么知识的阻塞就会陷得更深。它植根于当今的思想形式，植根于被当作普遍范畴使用的阶段性范畴。流行的代码引导我们寻找其起点。我们今天使用的大多数语言没有可考的起点，并且想象这样一个起点也是困难的。把一种语言看作是由大量的作为其构成要素的个人行动所形成的混合物，这是不可想象的。一门语言为了发挥其作为交流手段的功能，就必须同时被许多人了解和使用。如果除了行动者本人之外再没有

⑦　在希腊和后来的形而上学中，单子（monad）指的是世界上基本的实体、单位或者物体。埃利亚斯引自德国哲学家戈特弗里德·威廉·莱布尼茨（1646—1716），在后者1714年的著作《单子论》（*The Monadology* [Oxford: Oxford University Press, 1968]）中，假定了一种在作为单子的人的内部世界和外部世界之间，由上帝制定的“先定的和谐”。在这里以及他作品的其他不少地方，埃利亚斯使用人的这种“单子无窗”的意象去表明，哲学家们有时不得不求诸理论的或者其他的形而上的解释，以阐释人类个体相互依存的概念。也见第35页注释4。——编者

人知道某种语言，那么涉及这种语言使用的个人行动就是毫无意义的。在这方面，语言可以充当一个社会事实的典型。它预设不仅存在着单个的行动者，而且还存在着两个以上互动着的行动者群体。
37 它不仅促进而且同时还要求一定程度的群体整合。在任何情况下，群体操语言者先于个体的语言行动存在。换句话说，语言不可能被分解为个人行动（无论是否为交互的行动）。它事实上是无起点过程的一个典范。

与此相关的事实显而易见，众所周知。然而，语言的一些基本方面，其内在涵义以及从中得出的一些结论，却几乎未被探及。同样，人们在此也遇到了一个特殊的知识阻塞。每一个人在其童年的早期阶段就正常地学会了一种在他出生之前早已为他人使用的语言，这是一个显而易见的事实。这一事实的明显性或许掩盖了人们在此遇到的外在矛盾和形而上学冲动。最简单地说，个人有一种强烈的愿望要把他们自己认作和完全自由的人类一样完全独立的存在，这种愿望或许会迫使他们反对这样一种认识，即不承认作为人性必不可少的一部分的人们使用的语言是一个假定了他人存在和先于任何特殊个体存在的社会事实。如果每一个人为了成为一个完整意义上的人，必须学习一种预先存在的语言，那么人们还有什么理由不能推出语言是一种超个人的存在，在某种意义上它独立于一切人而存在这一结论呢？一个常见的事实是，与任何特定的个人相联系，一种既定的语言具有一定程度的独立和自由。如果一个说英语的人随心所欲地使用英语，语言的交流功能就会被损害，并且最终或许会消失。和它的个体使用者相联系的某一种语言所具有的强制力量，并非某种超人的、准形而上学的语言存在的结果，而是得自于这样一个事实，即如果一种语言仅仅为说话者本人独自所理解，那么，它就会失去其功能以及其作为语言的特征。一种语言要成为一种有实效性的语言，其语音模式就不仅必须为某个说话者本人所理解，同时还必须为其他人所理解。语言的强制力植根于这样一个事实，即如果语言要维持其交流功能，那么它就代表一种必须为整个社会群体所遵守的统一的标准。

但是，仅有这种解释还是不够的。任何一个人，如果要成为完整意义上的人，就必须在其婴儿阶段就从年长者那里学习一种已经存在的语言，这就被给予了传统的思维习惯，这种见解似乎又引出一个问题：这整个过程是从哪里开始的呢？是否应该推测性地假
定，在过去的某个未知阶段，人类开始了今天出现在现代英语里 38
的语言传统？也许，是否甚至可以假定，在某个未知的时期，人们放弃了前人类的、前语言的交流方式，而开始把语言作为交流的媒介？

这些问题鲜明地表示出在语言和思想里占据支配性地位的习俗的特殊必要。习俗在对发现绝对起点的强大智力需要中表现出来。也是在这一背景下，人们在可能高度复杂和经常十分隐晦的伪装的后面，发现了和开端、起源的优先性有关的问题。难道人们必须从一个社会事实出发才能理解个人吗？难道人们必须从个人行动出发才能理解诸如语言这样的社会事实吗？答案是简单的，但是，它却与一些在传统语言中有稳固归宿的根深蒂固的知识和思维习惯背道而驰。作为科学探索对象的真实世界的许多方面都具有一种过程的特征，即没有任何绝对的起点，但其向新阶段的过渡却是可辨别的。不管人们怎么论及宇宙大爆炸（它有时被看作是宇宙从无中

诞生的绝对起点），我们的宇宙整体形成了一个无起点的过程的一部分。[8]提及一个绝对的起点似乎可以为人类寻求方向的需要提供一个安全的依托，但是，它们提供的安全却是不可信的。一个人要得到自己心智的安宁只有停下来提出问题。是谁创造了世界？是创世者。不确定性似乎被克服了，因为人们没有追问：是谁创造了创世者呢？对英语而言答案是同样的。这是适合于整个世界的答案。不问为什么背后的为什么，原因背后的原因，这使得人们寻求方向的意识得到了虚假的安全感。

宣称所有人在童年早期都必须学习一种先在的语言，也许会使这一信息的接受者遇到一个无法消除的困惑。如果没有人，语言如何能产生呢？但是，这个问题所代表的困惑之所以难以消除，仅仅在于人们被其寻求绝对起点的社会习惯和传统的压力所压迫。如果
39 人们能够在一个更超然的层面观照自己，就会轻易地发现在动力和结构上迥然不同的两个过程参与了人类的形成。事实上，这两个过程并不能清楚地区分开来，并且常常根本无法区分。它们一般通过“进化”（evolution）和“发育”（development）这两个词为人所知。[9]但是这两个术语的联系以及区别却很少得到清楚的解释。一个多少

⑧ 埃利亚斯也质疑了生物大爆炸理论中绝对起点的假设，见他的论文‘On nature’, *Essays I*, p. 63, n. 10; and in ‘Reflections on the great evolution: two fragments’, in *Involvement and Detachment* (Dublin: UCD Press, 2007 [Collected Works, vol. 8]), pp. 179–180。——编者

⑨ 埃利亚斯总是（正如在此）用“进化”一词表示不可逆的生物变化，用“发育”一词表示社会过程，这里的社会进程，虽然有着明确的结构化方向——比如文明化进程的方向——在某些情况下也可能反转。这一区分在他所有作品中都是基础性的，并贯穿本书。——编者

带有轻蔑意味的词——“进化论”这一术语常常被不分青红皂白地加给这两者，并且几乎没有注意到这样一个事实，它们两者是有不同的，进化使得发育成为可能。这两个过程都以世代间的生存手段的传递为中心，并且随着生存手段的变化，其中一些变化有助于改善这些生存的机会。但在传递什么以及如何传递上，二者却截然不同。就进化而言，传递与变化的主要工具是一种叫作“基因”的有机结构。就发育而言，传递与变化的主要工具是广义的词语符号，不仅包括知识，而且还包括诸如行动与情感的规范。最初，人们彼此间传递的语言是其主要形式。

一直以来，“进化”与“发育”两词通常被视作是同义的和能
够彼此互换使用的。它们的区别显然不够清晰。使得它们清楚地区
分开来的可能方式是将“进化”限定为通过基因传递而获得的生物
过程的符号，而把“发育”界定为各种形式的代际传递的符号。这
两种类型的过程都具有一个序列特征，在序列中，较后的更富差异
和综合性更高的传递对象紧随在较前的传递对象之后。语言就是一
个例证，或许也是一切符号中最显著和最本源的一个。先于人类的
动物也把声音用作交流手段，大多还伴随其他体态和姿势，但是却
不具备赋予人类发出的声音以语言特征的指代功能。它们也缺乏
赋予人的许多（尽管不是全部）声音以符号特征从而是语言特征的
那种本质。和呻吟、叹息和极端痛苦的叫喊一样，前语言声音是靠
基因传递的信号，声音的发出者借以向其同伴暗示自己的境况。简 40
言之，它们是种族特有的而不是社会特有的。相反，构成人类主要
交流手段的声音，即形形色色的语言，不是物种特有的而是社会特
有的。

如果提问的人们能够降低涉入程度，并提出关于现实世界的问题，就会发现自己面临着一个没有起点的连贯过程，例如，从拥有以前语言形式为主要交流手段的原始祖先社会过渡到以语言为主要交流手段的祖先社会，这其间并没有绝对的断裂。在知识的现有阶段，虽然许多细节材料我们无法占有了，但是在这种情况下，我们可以相当有把握地假定，在此情况下，如同众多其他情况一样，在时间的推移中拥有许多中间环节的进化过程实现了最理想的功能。语言与人类许多其他本性一样是人类所独有的特征之一。它们在人的基因结构没有变化的情况下也能作出改变，并且这也就潜在地促进了某些特性，这些特性在所有其他已知物种那里已经变得固定了。例如，语言的变化可以单独与一个社会的命运相关联而发生，同时没有带来其人类种族属性的变化。已组成或属于不同社会的源自同一个血统的人可能会发现，在许多方面，不同社会的原始语言都已在不同方式下得到了发育。原因很明显，语言与前人类的声音交流类型是不同的，前人类的声音交流的主要形式是由基因决定的并且是非习得的，而语言作为一种交流手段必须通过学习而获得。人类借由其生理构造，已经能够通过个体在童年时期的学习而掌握一种语言。但是他们并不是天然就掌握了语言的。人类天然所具有的仅仅是从照料他们的先辈那里学习语言的禀赋。这例证了生理成熟（以及最终也是生物进化）与社会发育这两个方面之间的联结。

人的本质为人提供了学习语言的禀赋，即使语言产生的社会条件不存在，这种禀赋仍然蛰伏着。换句话说，人类不仅天然地拥有这种可能性，而且拥有向他人学习作为自己主要交流手段的语言的
41 需要。关于知识和思想的主流习俗似乎使我们认为，概念上的区别

和划分（如生物进化过程与社会发展过程）也就等同于这些相关过程在事实上的简单的独立和并列。就人类而言，与人性有关的人的社会发育的有限的自主性和某种特有的相互依存关系紧密相连，这一点乍看或许有点难以理解。年轻人的天然潜质只有在与他人的适当接触中才能得到释放。在某些方面，人的自然性与社会性是相互纠结彼此依存而远非互相对立的。即使仅从社会发育角度看而不涉及任何生物性变化的人类的变化能力，它自身也要依靠人的生理构造。[⑩]生物进化使得人类有可能也有必要通过个体的学习获取与其同伴交流的主要手段，并且使这些交流手段在没有生物变化的情况下也能够发生变化，换句话说，能够发育。

在目前的科学研讨中，“自然”与“社会”这两个术语有时似乎被作为两个彼此对立的领域加以看待。这一隐含的假定似乎意味着属于自然领域的对象或背景就不能属于社会领域，反之亦然。但是，把这两个领域对立起来，主要还不是这两个领域本身的实际关系的反映，而更多的是目前投身于这些不同领域的研究的科学家群体间关系特点的反映。生物学家与社会学家们似乎充作了有着明确的边界划分的各自的独立王国边境的守护人，这个前已述及的事实却把他们两者推入在他们错误界定的边界上相互交恶的竞争者的角色上。如果它是由遗传决定的，那么一般而言它应该属于生物学王国。如果它是从经验中获得的，换句话说是习得的，那么它就会被广泛认定为不属于生物学的问题。但是，前人类物种与人类之间的

⑩　见 Norbert Elias, ‘Mankind’s natural changefulness as a social constant’, *What Is Sociology?* (London: Hutchinson, 1978 [CollectedWorks, vol. 5]), ch. 4, pp. 104–110。——编者

关系具有过程性特点。期望有一天在生物科学与人的科学之间划出一条像国家的边界一样清楚的界限是一种纯粹的幻想。这使得介于可能作为我们祖先的类人猿与人类之间的整个中间领域（哪怕只是
42 作为一个假定领域）得不到探索，这样一来，增进对于人类发育独特性的理解的可能性也将不复存在。

除了三至四种猿类和人类以外，这一谱系中的任何成员都没有在生存斗争中存活下来。猿类相当危险地在生存斗争幸存下来，而人类却越来越清楚地作为地球上的主导性物种登场了。但是，能解释人类在持续的生存斗争中的这一地位的那些属性却仍然非常不清楚。在诸如“理智”或者“意识”这样的常识性用语之下，它们不是被揭示反而被遮蔽了。同样，它们也被介于非人类物种与人类物种之间的中间阶段里的所有典型生命物种的消失所遮蔽了。人们凭着使只有人类和少量猿类才从生存斗争中幸存下来的巧合，创绘出一幅相当节略的人类家族图画。它使人们产生这样一种印象，即人类的更具动物性的直接祖先的外貌和行动都像猿一样。这诱导人们试图教给幼猿一种人类语言，这一企图全然不顾这样一个事实，即通过以一系列具有社会标准化符号的方式而进行的交流，代表的是一种全新的交流技术，这种技术与猿类主要以通过遗传固化的声音作为一种交流手段形成鲜明对照。目前，对于这样的中间阶段，即从已知的、构成动物交流能力一部分的和主要是天生的、物种特有的声音，向借助个体的学习过程而有可能获得一种语言表达能力的生物禀赋进化，我们尚不知晓。在有助于其他物种交流的通常更是物种特有的声音和人类的表达性的和社会标准化的交流之间的中间阶段，这一阶段里的所有典型生命物种的缺失，使得即使去猜测语

言这种全新的交流技艺是如何产生的也相当困难。当然，人类并非仅仅依靠这种全新的交流技术在生存斗争中取得了强大地位。这种新技艺所提示的是，关于从猿到人的相对较短的演化谱系的惯常图景容易引人误解。人类有在记忆中存储个人经验和如果需要也能在记忆中把它们重新唤起的巨大能力，这种能力作为人类学会使用语言的一个条件，是在一个长期的更复杂的演化过程中形成的，而不是现在几乎已成常识的，从类人猿向人的演化中所表现出来的。 43

人的进化过程的所有中间阶段的缺失，当然不限于人类的祖先。它也是动物演化谱系的共同特征。在马的演化系谱中，马作为现代有蹄类动物的典型代表，其前身却是有趾的四足动物，这是中间阶段缺失的一个人所熟知的例子。以现代这种方式构造的生物体，比那些代表中间阶段的生物体要存活得好。因此，在现代这个最适合现代动物生长的理想阶段，这一特殊进化过程就停止了。处在中间阶段的代表物种，其生存价值比理想阶段的物种要低，因此，在经过一段或长或短的生存斗争之后它们就消失了。这样，后来的观察者容易把前理想的但又是处在连续进化过程中代表物种的出现看作是物种的突变，或者看作一个绝对的起点。但是，这一观点却是由下述事实造成的，尽管不必是所有情况，但在大多数情况下，前理想时期的代表物种在向理想功能的过渡过程中，一旦一个或长或短的进化过程在其自身范围内达到其理想形式，前理想阶段的代表物种就有可能消失。中间阶段的缺失，在所有可能性中，是进化过程的一个频繁发生的情况。在这一情境下，理想功能的概念或许有助于人们重视下述事实：值得关注的不仅是以下事实——进化过程在特定条件下发生，而且还有以下事实——这一过程遵循着特定的方向在一段时期内继续演进，而一旦超越了一个特定阶段后就停顿下来。在我们所知的形式下的语言交流，已被假定为长期的连续性的进化过程（这个过程直到达到理想形式才会停止）的一个方面。语言的发育却是不会停止的。学习和使用一种语言的能力是人类所有普通成员的共同特性。长期以来，人们接受这样一个观点，人类社会与作为人类社会一部分的人类本身的演化是两个明显不同的类型。

无论人类的进化过程以及更确切地说其语言本性的进化过程在继续还是已经停止，这个问题无需在此讨论。值得注意的是生物进化过程和任何特定语言的发育过程的区别。后者不是一个生物进
44 化过程。语言的变化不是物种特有的而是社会特有的变化，它能在一切人类相关生物特性不变的情况下发生。我们目前的语言还不足以丰富到能够公平对待可观察的自然与社会过程的多种分支门类。语言发育本身就可以作为例子。从一个特定阶段起，它就是一种发育，一个进化性的革新在经过一个漫长的同时具有进化和发育特色的过程后造成的非进化性的过程。人的发音器官就可以说明这一复杂性。恰恰是部分生物进化导致了一种新的非进化型的阶段的出现，即语言的发育。在目前阶段，许多语言的变化在本质上纯粹是社会性的而不是遗传性的或进化性的。但是人们可以想象一个早期阶段，在这个阶段中，原始人类进化的生物性和社会性方面携手并肩，难分彼此。

一个孩子的成长过程仍然可以显示连续的进化过程中这一漫长阶段的遗留痕迹，在这个进化过程中，通过习得的语言方式进行交流的新技术优越于通过天生的非语言信号进行的交流。正如正向

青蛙转变的蝌蚪的变形或许仍然存有水生动物向陆生动物持续转变的痕迹，同样，通过非语言信号交流的，仍然带有大量动物特征的人类婴儿，逐渐转变成一个准备通过语言方式学习交流的人，也是一个也许具有动物向人进化的遗痕的连续过程。

一个演化有时可以被描述为一个直线过程。事实可能如此，但却并非永远如此。一个连续的进化过程能够导致一种全新的生物结构和生存方式的产生，海洋动物变成陆地动物，爬虫类变成鸟类都属于这种情况。这里所介绍的生物进化与社会发育的区别是又一例证。变化的发育性特征并不仅限于语言。一切社会事物的变化都属于发育性的变化类型。但是在目前，进化性与发育性这两个过程类型在概念上并没有得到明确的区分。人们可能会言及一种向新结构的突变，但是，如前所述，进化性变革出现的明显的突然性和非连续性，可能仅仅是由于在同一环境中功能更优的有机物作为竞争者出现以后中间阶段的消失造成的。从类似猿猴的人类祖先向人类的转变可能也属于这种过程。如果人类凭自己的想象去与类似猿猴的 45
人类祖先比较的话，中间环节的消失可能很容易掩盖人类生物变革的范围。

使得人类与猿区别开来的最严格的变革特征之一在于这样一个事实，在猿类社会和猿的交往通过遗传决定的形式仍然支配着通过习得的地方性变化；而在人类社会中，后者对于前者无可争议地取得了压倒性优势。人类社会与人类语言可以变化到一个猿类的社会和交流手段无法企及的程度。后者的结构很大程度上仍然是由遗传固定下来的，换句话说，是物种特有的。对于人类社会和人类语言而言，人的可塑性，人的变化能力已变得如此巨大，以致社会生活和语言的巨大变化可以发生在人这同一个物种的生物生命中。人类社会以及人类语言，可以经历在猿那里仍然很大程度上被阻塞了的过程。人作为和各种各样的猿一样的物种出现的那些过程，以及人类社会单独经历的过程（它们没有进化的特征，也只在这同一个物种里出现），如果人们能就指称这些过程的不同用语达成一致，将大有裨益。

我再次建议，把“进化”一词用作指第一种类型的诸过程，即依赖于基因结构的生物过程，而把“发育”一词指称非进化类型的诸过程，这是一个只有人类而非猿类的族群才能经历的过程。这是一个进化性的突变过程，它不仅导致同一种生物技能的提高，而且导致全新结构的产生。从通过鳃吸水的海洋动物产生了通过肺吸气的陆地动物的过程，就是一个例证。由主要运用物种特有的信号手段进行交流的类猿动物向运用社会特有的语言手段进行交流的人类的转变是又一个例证。这种突变过程或许花了成千上万年的时间。像其他情况一样，中间阶段的代表物种几乎都已消失了。在任何特定阶段上，拥有更高生存价值的生物器官的产生很可能导致缺少这一器官的相关物种的灭绝。

46 学习语言交流所必需的生物结构的进化并没有完全破坏前语言交流手段。对于后者来说，诸如微笑、呻吟或者痛苦的叫喊，在人类交流关系中仍然具有鲜明的功能。不过它只是辅助的功能。这些更具自发性的信号在某些情况（比如微笑）下，同样是在一个人有意控制下发生的。它们或许是某种完全自动的反应模式的派生物，而这种反应模式已变得部分地能由意识加以控制了。但是，一般而论，人类的前语言的反应方式的遗留，对于人类社会特有的而非物种特有的并且只能通过学习而获得的语言符号而言，只是通过这些语言符号进行的人类的主要交流手段的辅助。

人们在理解全新的结构形态如何从一个连续的过程中产生出来时遇到了困难，这个困难在某种意义上归于这样一个事实，即我们目前的思维方式，我们这一物种的结构只适应于相对短期的时间间隔。人的生命的相对短的时间跨度，似乎已被人们作为基本的参照框架。数千年、数百万年或许超出了人们的想象。然而，正是那一层次的时间距离构成了许多演化过程的不可或缺的参照框架。只要结构上的变化没有被紧紧地嵌于这种较大的时间跨度中，那么将无法理解结构的变革与过程的连续之间的兼容性。而注意到这种时间跨度也不是和人类无关的无价值的思考。如果不考虑到这种时间跨度，人类就很难理解自身。如果没有考虑到这类时间跨度，人们的自我意象很可能仍旧局限于同样误导的两种主张的冲突中。

其中之一，也是生物学家们喜欢的主张，是认为人类是动物，和所有其他动物一样。这一观点认为从动物实验中得出的结论可以轻易地应用于人类，并承认生物学是基本的人类科学。它隐含着把进化过程视作直线，也许还是一条稳步向前发育的直线的结论。第二个可供选择的主张，不论明确与否，在本体论上假定了进化过程的非连续性。它的支持者可能接受也可能不接受进化论以及支持进化论的证据。不论是否接受，他们都用一种方式来言论或思考，即，假定了世界上存在方式的二元分裂，诸如身体与意识的分裂。根据
这一观点，人类的起源部分甚至全部都不依赖于进化过程。换句话 47
说，这一观念隐含着在动物与人的某些方面（诸如心灵或者理性）之间存在着绝对的不连续性。如果不考虑演化所需的时间尺度，那

么就难以理解人类是在一段连续过程中从动物祖先中产生而在某些特定方面与地球上任何动物相比都是独一的和不相似的。进一步说，也难以理解人类的独特本质如何产生于并完全统一于他们的动物性遗传。

以某一种语言为手段的交流是人的这些特有属性之一。和其他物种的主要交流方式相对照，人类学习人类拥有的语言的生物潜能更具可塑性。人类语言的多样性可以为此作证。和人类语言的流动性形成鲜明反差的，是所有动物的相对固定的交流形式，它一般而言对整个物种都是一致的，社会特有的变化相对微小。人类独特性的例子还有很多。英国的生物学家朱利安·赫胥黎将其都收集在他的文集《人的独特性》(1941)中。[11]但是，正像人们在讨论人的区别性特征时常见的那样，他的名单中却遗漏了人的一个最重要的区别性特征。这种忽略是社会科学当前状况的反映。前已述及的作为语言特征之一的可塑性并不局限于人的交流手段。它也一般性地适用于人类社会。一般而言，动物群体全都相当严格地恪守物种特有的模子。大猩猩的群体生活与黑猩猩或长臂猿遵循着不同的模式。地域性的变异可以观察得到，但是物种群体生活的基本模式却只在相当有限的圈子里变化。人们不可能在几百年甚或不足几百年的时间跨度里在动物界里观察到与人同样幅度的变化，比如从一个封建结构向资本主义结构的变化或者从一个绝对的君主专制政体向多党

---

⑪ Julian Huxley, 'The uniqueness of man', in *The Uniqueness of Man* (London: Chatto&Windus, 1941), pp. 1–33.(赫胥黎此书是他在1927年至1939年间不同时期写作的论文的合集，书以第一篇文章的标题命名——“人的独特性”[The uniqueness of man]，这篇文章首次发表于*Yale Review* 28: 2(1939)，第473–500页。)

共和制的转变。社会的成长与衰亡，一个层面向另一个层面漫长的整合过程，从原始部落到帝国以及从帝国到封建制的社会分解，可以在从生物进化角度看来很短的时间跨度里观察到。事实上，所有
这些都是限于同一个物种（即所谓的智人）的社会变化的例证。动 48
物群体的主要变化是基于生物性的变化；它们是遗传变化的信号。在人类社会情况下，巨大的社会变化，诸如从原始部落到帝国，在没有生物性变化情况下也能发生。不同社会发育阶段的人们可以“混种繁殖”，然而，这一进化论术语却常常被不加区别地用来指示生物进化与社会发育。正如我前面已指出的，与前人类的交流形式相比较而言，人类用语言形式进行的交流的独特性，在于其指代功能。但是，这一功能与人类其他的独有特征密切相关。这些特征在猿类或其他哺乳动物中是看不到的。我将在这里简要讨论一下，在后面的正文中再作详尽的讨论。人类能够世世代代传递知识，并不只是以此时此地的实例为手段，最重要的是用符号为手段，这些符号能够但却并不必总是局限在任一特定的时期中。这样，人们就可以把经验或知识世代相传，而在这之前知识是不可传递的，仅仅因为不存在一个统一的人们都认识的可以通过学习而获得的交流手段。这是人类交流形式的又一个区别性特征。语言使得人们能够把知识世代相传，并且使得人类知识的增长成为可能。没有其他任何动物物种具有知识增长的自然手段。

我在此强调的生物进化与社会发育间的概念区别看来似乎是显而易见的。但是，这一区别所依据的许多证据是相当晚近的资料。在19世纪，要发现重要的证据以及筛选出能够明确区分这两种类型的过程的相关标准则相当困难。同样，将这两种过程归因于

仁慈的总是按照人类的意愿和需要而运转的自然，这种倾向曾经仍然相当强烈。而对于自然进步信念的令人痛苦的失望迟早还是会来到。它到来了并开始使人们认识到社会过程和自然过程的不同。在清楚地证明社会秩序是一种独有的秩序之前，已经花去了很多时间，并仍将耗费大量时间。人们最终会看到以下认识的全部意义，即人类尽管毫无疑问地属于动物的序列，但却并非简单地类同于任
49 何其他动物，人类这一形式的连续进化过程已经产生了新的和唯一的东西。

认识到这一事实对于确定社会科学的地位具有意义。它为社会科学宣称相对于生物科学和自然科学的相对自主权[12]奠定了坚实的基础。人的动物遗传为社会科学与生物科学提供了一个牢固的联结。如果不关涉进化过程，后者就不能为其作为一组相对自主的科学学科群而存在提供合法性，但是，这一过程本身导致了各种不同的过程的出现，导致了不涉及某种遗传物种（即指人类）演化的社会过程的出现。自然提供了发源地，但是这个发源地又生发出毫无止境的变化。群体特有的语言的多样化是这一发源地可塑性的一个例证。以发育的形式次第出现的具有不同结构的多样的人类社会是另一个例证。发育顺序在相当意义上是可倒转的，这与进化顺序形

⑫ 相对自主权是埃利亚斯知识社会学中的一个重要概念，并被20世纪的很多其他社会学家和马克思主义者以不同方式使用过。这些作家包括埃米尔·涂尔干、乔治·卢卡奇、路易斯·阿尔都塞、皮埃尔·布尔迪厄、让-保罗·萨特以及杰弗里·亚历山大（Jeffrey Alexander）。在《社会学是什么？》一书第59页中，埃利亚斯解释了他使用的相对自主权概念三种含义。也见 Elias, 'Sociology of knowledge: new perspectives' [1971], *in Essays I*, pp. 1–41。——编者

成反差。作为进化的产物，在海洋中重新适应了生活的哺乳动物并没有变成水中呼吸的鱼，它们仍然是呼吸空气的哺乳动物。国家以及社会发育的相对较晚阶段的其他社会形式就不同了，基于某些原因，衰落可以使它们倒退到发育的较早阶段的社会单元中。它们分崩离析的过程并不必然导致它们恰好回到其产生时的同一条件。一个解体的国家不可能回到原始部落条件下。一个解体的国家仍将保留一些国家特征。例如，一个解体的国家或许会变成一组多少是封建类型的社会单位，而不是变成一些原始部落。具有军事领导才能的人或许会利用河流或者其他利于防守的陆地标志物为他们自己划出或大或小的区域。有关社会解体的各种方面的情况实在是太多了，不能在此一一讨论。

通过群体特有的语言进行交流是产生自一个连续进化过程的 50
人的独特结构的一个例证。与此密切相关的是人的又一个显著特性——用声音作为交流手段，这是在漫长的进化过程中产生的。在这种情况下，人类同样站在了源自动物类祖先的长长的链条上。同时，他们运用声音作为交流媒介的方式与动物为了交流而使用自发声音的方式有着根本不同。与物种特有的动物的声音相对照，人类语言被使用的方式与作为交流途径的声音被动物使用的方式截然不同。语言化的声音，即使它们与动物发出的声音一样都被作为交流手段使用，它们实现这一功能的方式，也即人类的交流技术，也与动物使用声音作为交流手段的方式有所不同。动物声音作为一种语言，缺乏人类语言的自我疏离（self-distancing）特征。它们的主要功能是表明动物的瞬间状况，此时此地的状况。这一功能与动物的瞬时现实密不可分。它们与某些前语言的人类声音都具有这一相同的功能。动物的声音，像呻吟、叹气、大声的痛苦喊叫那样，尽管它们或许有一个通过学习而改变的范围，但只是指示生物的处境。动物相互间发出的信号的实质并非是通过学习而获得的，而是遗传决定的。一般而言，更重要的是，动物彼此间发出的信号与其他充作信号的身体运动密切相关。而人类运用语言形式进行的交流技术，与动物运用声音方式进行的交流截然不同。人们无需怀疑前者是从后者过渡而来的。在此问题上，人们总是有许多疑问。所以这个问题值得清楚地提出来，即一个连续的进化过程如何能够导致全新的没有先例的东西的产生？

对于人类语言的独特特征随后还要进一步讨论。但在目前的知识阶段，还没有办法解释人类交流方式的起源。很难想象，通过或多或少是天生的声音信号的方式进行的交流可以自我转换到通过社会标准化的符号进行的交流。能清楚地看到人类语言交流所提出的
51 这一问题，即使人们不能解决它，无论如何也是相当重要的。必须充分地指出，通过可变的语言方式所进行的人类交流在生物学上是独一无二的。关于人类的动物世系，极有可能的情况是，从人类的动物祖先到人类之间的进化过程比人们通常所提到的要漫长得多。进而言之，我们称为语言的人为声音的特点和功能，作为真实存在的世界的事实和功能的符号代表，只是人类交流独特性的一个方面。与此密切相关，人类交流方法的另一个独特方面是其可变性，这是一个令人惊异的事实，即任一特定社会的语言在其成员的遗传组成没有任何明显改变的情况下都能发生变化。18世纪的英语与20世纪的英语并不完全一样，也不与20世纪的美式英语等同，虽然无可否认它们都是英语。人们在此遇到了一堆非常的特征，这些

特征使人类社会与其他物种的社会区别开来。不仅大猩猩发出的声音信号的变动幅度比人类的要小，而且它们整个社会生活的变动范围也比人类小。而大猩猩彼此间联系的方式与黑猩猩和长臂猿的联系方式也有着明显的不同。

用生物学术语来说，人类社会能改变结构而同时其成员却没有发生任何可证实的遗传变化，这是人类社会令人惊异的独有特征。在一段时间内，人们可以改变其社会结构，而这段时间以一个物种到另一个物种的遗传变化来衡量，被看作是极为短暂的。社会结构的主要变化，诸如城市化、工业化，在几百年的时间内就发生了。或许只有当把相对来说具有可变性的人类社会与相对来说具有稳定性和不变性的动物群体进行比较时，人们才会意识到人们在此遇到的问题的全部分量。动物群体或许会经历进化的演变，但是却不可能经历社会发育。人类能经历发育的，不单是人类的语言，而且还是人类的整个社会结构。将制造工具列入人类的区别性特征，这已经是很普遍的看法。但是将人类不单使用工具而且还能改变工具这一事实看作人的区别性特征却仍然远未得到重视，即，人类工具装备的发育，远未经常被看作是人的唯一性的表征。

一般而言，人们可以说，广泛地改变其生活方式的能力是自然 52
对人类的一个生物性馈赠。然而最根本的方面或许是人类群体的近乎无限的用符号的方式吸收、存储、消化新经验的能力。被社会性地建构为特定实体或功能的符号的人为的声音形式，成为人的主要的交流手段，并不仅仅是这个事实值得注意，同样值得注意的是，包括其神经器官在内的人的发声器官，易于接受任何特定语音模式的扩展与改变。如果一个人类社会的成员不能以适当地改变他们的符号装置的方式来就人类群体的革新进行交流，那么就难以想象这些革新能够发挥其功能。人类在生物性上就能够改变他们社会生活的方式，凭借进化的赐予，他们能社会性地发育下去。

第二章　作为习得的声音模式的语言，以及作为“第五维度”的符号

通过语言媒介，人类能够交流知识并把这些知识一代一代传下去。一种语言由许多声音模式（sound-patterns）组成，这些声音模式在社会中被当作代表人类世界某一特定方面的符号而产生和理解，因此，“桌子”这个声音模式对于说英语的人来说，是一件特定家具的符号。在后来的发育中，基本的听说符号、视觉符号、书写或印刷符号（如你此刻正在读的），都成为声音模式的补充。在当代的分类框架中，语言往往被列为文化的项目。然而，就目前人们的言谈和思维方式来看，文化即使不被理解为反自然的，也很容易被理解为非自然的。语言的例子表明这一看法是错误的。人类天生就能说和理解语言的声音符号。仅仅他们的发音器官就是一个具有极大灵活性的天然技术装置。事实上，这同一种身体器官能够说出自亚当以来出现的已经消失了的许多种语言。

在生长初期，人类孩童就具有了与他人进行语言交流所必需的神经和运动器官。然而，人类物种特有的生长和成熟过程仅仅为人类孩童提供了说话和听话的潜能。正如一个新建成的广播电台一样，孩子的听说器官此时已经就位待用了。但和广播台不一样的是，孩子必须经历一个学习过程，一个激发其交流潜能的学习过

程。一个孩子除非通过积极的互相交流和记忆储存掌握了一种群体特有的、也就是养育他的长辈们所讲的那种语言，否则他正在成熟
54 的人特有的器官仍然处在休眠状态，甚至可能毫无用处。为了变得有效，这些有机的器官就必须被模式化为其他人所讲的清晰的声音模式。换句话说，究竟哪一种特定声音符号首先印刻在孩子日渐成熟的大脑皮层和发声器官上，取决于这个孩子成长所在的社区的人们所讲的那种语言。自然和文化的过程从很早就是交织在一起的。使人类能够通过语言进行互相交流的身体条件，从人类能够发出变化无穷的声音组合这一角度来考虑，是动物王国所不可比拟的。

前面我已经提到，人类本身只提供了再现某一语言的声音模式网以及理解那些声音模式所代表的信息的潜能。为了掌握一门语言，有必要激活那本属于人类生理遗传一部分的语言潜能。十有八九，这种潜能都应该在孩子成长过程的恰当时机被激活。孩子们在掌握语言的同时，也不可避免地掌握了他们赖以成长的社会的种种知识。这些知识常常和他们通过亲身经验得来的知识混合在一起。但是，一个孩子通过亲身经验掌握的知识和组成社会知识库的知识越来越紧密地交织在一起，难解难分。因此，从早期开始，每一个人的经验都有着语言的一面。人类逐渐被整合到一个来源于许多他人经验的知识世界中。个人的亲身经验也渗透着这种知识。而个人整合到这个知识的世界是通过学习某一种语言的核心，通过造出自己的既定形式的词和句子。语言的习得怎能使一个新人进入知识世界中呢？这很值得思考一下语言的存在方式，以及语言和它们作为符号所代表的事物之间的关系。

这样看来，成熟中的人们天生就已预备好和可以与其交流的

他人在一起生活，预备好在社会中生活。每个孩子都必须作出自己的努力，以再现他或她的长者在各种各样的交流中所使用的声音模式。孩子必须记住这些声音模式作为符号代表什么，或者说得玄乎一点，这些声音模式意味着什么；孩子还必须“恰当”使用这些被他们记下来的声音符号，“恰当”也就是指被成人社会标准化了的使 55
用方法。因而，学习语言的素质是人类所共有的特质；是人类这一物种特有的。但这种生物素质给声音模式和它们所指代的事物的多样性留下了极大的空间，以致一个人类社会的语言可以完全不能被另一个人类社会所理解。因而，一个小孩实际所学习的某种特定语言并不是物种特有的，不是由人的天性所预先决定的；而是具备社会特性的，也就是说，是由这个小孩赖以成长的社会群体所预先决定的。通过学习语言，孩子们个人化了社会事实。同时，通过学习这一过程，他们得以进入特定社会的交流过程。人类的天性究竟在多大程度上为社会生活所设计，从以下事实即可判别：如果一个人因为某些原因而没能在适当的时候掌握一门语言，因而不能或不能很好地与他人交流的话，那么这个人就称不上一个完整意义上的人。

由此，对孩子语言习得方法的最简略的思考提供了与支配我们说话和思维方式的有偏见的分析趋向相反的事实证据。诸如“自然”、“文化”和“社会”一类的概念在向人们传递一种趋向；也就是从高度综合的角度来对待被作为彼此分离了的实体的问题域。这些问题域在符号上由许多被迷雾一般的意识形态含义包围的不同名词所体现。它们被广泛使用，似乎它们指的是这世界上独立存在的方方面面。因此，举例说，有人会问语言是自然的一个方面还是文化的一个方面。这种知识隔离的倡导者们会无休止地，在根本不考察被他们视为独立存在的事物间相互关系的情况下，谈论诸如上例中的相互对立的问题。如果一个人大致细察一下儿童习得第一种语言的方式，那么就不难找出“自然”和“社会”相互关联的证据。但目前占主流的兴趣是指向非此即彼的问题。相比之下，有关相互关系的，或者说有关综合的问题，被当成了没有什么认知价值的边缘问题。尽管事实上，在习得或使用语言的过程中，根本不存在“自然”或“社会”的影响完全缺失的情况。

也许有人想要提到把自然和社会结合在一起，或者，就孩子
56 习得第一种语言这件事而言，把自然和文化结合在一起。但是，那也很难公正地解释我们提到过的事实证据，因为在人一生的某些时期，人类自然和人类社会彼此独立而存在，到了另一特定时期才开始相互发生作用。对于以语言作为交流工具的人群来说，他们的生活中没有一刻是其自然存在停止发挥作用的时候，同样，如果仅仅把语言判定为人类自然的所有物的话，人们也不能公正地解释那个事实证据。这样一个简单的分析指明的是，人们对于诸如“人类自然”或者就此而言“文化”这类概念不严谨和含糊的使用。今天，“自然”一词经常用来强调自然界的物质层次，它明显降低了对人类独有特征的生物学的和纯理论性的用法的重要性。结果，对于人类语言自然方面的强调常常被视为物质主义而不被重视。“自然”一词在这种情况下仅仅等同于物理科学领域的问题。和文化一样，社会即使不被直接看作自然的反面，也常常形而上学地被认为是与自然分离的。即使没有别的任何论据，生物学上关于人类学习语言的潜能也能说明这种认识是错误的。

许多动物生来就具有通过声音模式进行交流的能力。但唯有在

人类那里，用来交流的声音模式具有语言的特征，或者说，具有了本不属于生物装置的、必须由社会中的成员个人加以学习的社会符号的特征。甚至在距我们最近的动物亲戚大猩猩中，每个群体中的单个猩猩在生理上都储备有相当丰富的天生声音模式。这些声音模式可以通过学习得到修正，从而使其在各个群体之间有所差别，但这种差别从来就不足以削弱物种所有成员共有的、非习得的声音模式相对于那种通过个体学习而获得的地方性差异。就人类而言，生物进化过程已有了新的发育。在这个过程中，习得的声音模式和非习得的声音模式的天平，第一次偏向了前者。习得的声音模式扮演了主角。非习得的声音模式和符号总体上成了配角。被我们称作语言的声音模式网有一个显著特点，那就是：遗传决定的是发出习得的声音模式的能力，而不是这些声音模式本身。被人类用来作为基本交流手段的语言的这些声音模式必须依靠学习才能掌握。它们 57
不是物种所特有的。有三个方面区分了人类主要的声音模式——语言——与其他生物的主要符号系统：(a) 人类的声音模式必须通过个人的学习才能获得；(b) 它们在不同的社会之间可以有所不同；(c) 在同一个社会里，它们可以随着时间的变化而变化。

人类用来进行相互交流的主要声音模式必须靠学习来获得，它不能成为动物作为主要交流手段的一整套非习得信号的任何部分，这一事实是赋予语言的声音模式以符号特点的基本因素之一。这一说法并不意味着符号化的声音模式类似于它们所指代的客体或功能。语言的声音模式代表了事实，但它们并不与这些事实相类似。比如说，声音模式“star”，在讲英语的任何地方，它就代表那个众所周知的夜空里的发光物。但声音模式“星”与事实上天空中的星星没有任何相似之处。“星”（star）代表星星这些实物的事实仅仅是建立在社会传统的基础上。如果不是为此传统的话，我们可以说，联结声音组合“star”和特定的宇宙实物的纽带是完全任意的。事实上，在讲法语的人群中，有一个与此完全不同的声音模式“étoile”，作为交流这些实物的符号。同样，在讲德语的人群中，指代这些实物的声音模式是“stern”。从小就在单一语言国家长大的人们可能会觉得，在实物本身和实物的指代符号之间存在着天然必要的联系纽带。事实上，这种必要性以及一种语言的声音模式所具有的对于一个由某种语言占主导地位的部落或国家的个体成员的强制力，完全具有社会和人的特点。如果人类不能使自己习惯于用同样的声音模式作为同一个事物的符号，他们就不能互相交流。

目前主流的传统让人觉得，人性和人类文化，也就是自然和文化，属于两个在本体上完全不同的、各自独立的世界，但是人们在这里遇到的许多事实之一表明，这种传统是多么站不住脚。实际上，人们如果把语言当作是联结自然和社会（或文化）之间的一条
58 主渠道的话，情况就好起来了。每个健康的小孩都要经历一个由遗传决定的（也就是自然的）成长过程。从这个过程的一定时期开始，会产生一种使其能通过使用某种语言的独特的声音模式与他人进行交流的性格。孩子的神经、运动和感官器官为以下行为作好了充分准备——通过连贯的声波向他人传递信息，并从他人那里接受信息。这些声波是自然的，或者，就像某些人有时说的那样，是物质的数据。这些连贯的发音，通过听说器官的成熟而具有了语言的特征，它们是社会地产生出来并由社会决定的。

人类生存的自然模式和社会模式，以及社会模式和个人模式都

是不可分割的；它们紧密地交织在一起。它们的互相依赖来源于进化过程中无意和偶然的技术创造。以语言为手段的人类交流类型，是建立在一个非习得的生物成熟过程与一个社会和个人学习过程的独特交融的基础上的。就动物而言，先天注定的、具有物种特性的、非习得的声音模式与习得的联系和交流模式相比，占着绝对优势，自然和社会之间的关联，没有呈现出什么问题。蚂蚁和大象或大猩猩互相构成的社会，在不同地理环境下只有微小的变化，这些社会往往都是一样的。它们具有物种的特性，也只有在生物构成或者说相关有机体的本性发生了变化时才会相应地发生变化。对深思熟虑的观察者来说，自然与社会的关系在人类那里所呈现出的问题就很不一样了。这是因为，即使在人类生理遗传方面不发生任何变化的情况下，人类社会和人类语言也有可能发生巨变。要解决这个问题似乎并不容易，原因在于人们根深蒂固的思维习惯，尤其是根据旧的哲学的和常识的方法把世界划分为互不相关、极端对立的类别（比如自然与文化）的习惯，常常使观察者看不到本来显而易见的东西。

人类语言常常被当作与人本身分离的特殊事物来研究，这样也就使这种研究失去了追溯某种结构特征的可能性：这种结构特征把以语言为手段的基本人类交流方式与支配动物的、主要以先天信号系统（不管这种信号是以特定的声音模式为形式，还是以整个身体的运动为形式）为手段的交流方式分别开来。毫无疑问，语言包含 59
不相关联的词汇，然而，它们却有能力清楚地既体现不相联结又体现联结。人们很容易忽略一个事实，那就是语言由声音模式构成，而这些声音模式有下面一些特点：它们能使人与人之间发出和接收信息；它们是由人类特有的有机结构产生和接收的（人类既能产生代表互相关联的符号，也能产生代表互不相关的符号)。为了发挥其功能，这些结构必须通过学习的过程在一个人孩提时代的早期就被激活和定型。在每一个具有共同语言的人类群体里，大量可以互相联系在一起的声音模式或者言语形式，已经被社会标准化为代表这个群体成员有可能想和他人交流的特定实物、事件、功能以及其他事实的符号。如果没有这个特定声音模式的社会标准来作为代表与他们切身相关的世界的方方面面的符号，人类就不能相互交流，或者，只能通过他们现今仍拥有的从早期进化阶段遗留下来的些许剩余物进行交流，也就是大量通过非习得的和与具体场景有更紧密联系的方式进行交流，诸如呻吟、笑或痛苦时的哭泣。这后一种方式，也就是与情境紧密联系的交流方式，是整个人类所共有的。他们是人们在具体情境下多少不自觉地产生的。而前者，也就是以习得的某种语言的声音模式为交流手段的方式，也是只有整个人类才共有的特征。但声音模式本身，也就是语言，却不是只有人类才有的。

不管过去还是现在，语言都遵循把人类分为大大小小的生存单元[①]的分类法。这些生存单元大多都有各自的用于交流的声音模式网。对于除它自己以外的其他人类群体来说，这些声音模式网基本上不能被理解。因而，除了些许动物所用的前语言交流方式之外，人类拥有通过语言来交流的能力。语言是人类所特有而动物所缺乏的，代表着进化的后动物阶段。这样，人类可以从他们自身身上找到进化过程的证据。传统已使人们在谈论和思考动物与人类之间的关系时，很大程度上习惯于把它们都当作多多少少似乎是指静止的

① 见前第11页注释8。——编者

实物状态的两个词。作为一种传统的先验论，它对于动物和人类的
关系问题起着很大的影响作用，即要么把两者视为完全同一，要么 60
则完全不一致。其结果是，要想给动物与人类的关系问题一个明确的答案，似乎面临着不可克服的困难。一种答案通过引用某种定式的“或者……或者……”回到了这个问题，另一种似乎只有这样一个选择：要么把人类状况彻底还原为动物的状况，要么把人彻底还原到部分或整体都与动物相分离的存在状态。绝大多数为人熟知的二元论，比如把人类世界分为“自然”和“文化”，“身体”和“心智”，都是以上第二种方式的体现。心智、文化或者就此而言的语言，在这种情况下仍然没有实体地位。在看得见的大千世界没有它们的栖身之地。在某种程度上，它们仍被悬在空中。这两种可能，也就是生物学家的还原理论和把人类提高到一个在自然世界之外的实体地位的理论，都建立在这一基础上，即把本可以全面表现的事物仅仅表现为和连续过程的某些阶段一样静止的状态。换句话说，人类代表着进化过程迈向新层次的一种突破。“后动物的”是一个有重要意义的词。作为动物的后裔，人类天生就被赋予了一种在地球居住群中只有他们才具备的能力。

人们可以有所保留地把这一变化拿来与从爬行动物层次到飞行动物层次的突破进行比较。在这一事例中，爬行动物的前腿转化为翅膀，以及除此之外整个身体组织的调节适应，为生物的发育开创了一个新天地。一个相当长的进化过程甚至使体重较重的动物有机会接触到更广阔的大气空间。对人类而言，他们从遗传注定的或者非习得经验和行动形式的支配中解放出来，加上个人通过平衡两者而习得的经验和行为模式所具有的日益增长的优势，这赋予他们

以他们的动物祖先所不能达到的适应不断变化环境的能力。显而易见，不同的是鸟和人类对它们各自新领域的不同适应能力。鸟类生活于各种大气空间里——通过生物分化，大气空间把鸟类分为许多不同种类，为它们提供生存之道[②]。人类主要是通过学习这种形式，在不把人类分为许多不能互相交配繁育的种类的情况下，居住在地
61 球上。尽管人类有少量的遗传适应性，但他们仍旧是一个单一的物种。所有的男性和女性，不论他们的遗传基因如何不同，都能生育出能生长发育的孩子。

人类无计划无目的进化过程取得的突破的一个关键方面，就是他们通过其生物组织而实现的一种新的交流类型。它反映的是人类通过习得知识和行为而获得适应性的优势，以及这种优势所给予人类的在生存斗争中的优势。这种新奇的、以习得的语言或者说以社会决定的符号为手段进行的交流方式，天生就是简单的。

传统的人类图景为一种将过程还原为对立的固定状态的趋势所支配。简言之，这些固定状态是过程还原的结果，就是把具有那种只有在不断变动中才观察得到的内在动力的一系列事件，在概念上还原为静止状态的结果。[③]一种看法认为，人由两个不同的部分组成：一部分是看得见摸得着的，另一个部分是看不见摸不着的，比如身体和心智（或灵魂）。身体这个组成部分，具有自然物体的实体地位；另一个组成部分即思维或灵魂，它们的实体地位是不确定

② 就是说，提供了某种生存方式，而不是某种生活方式。——编者

③ 埃利亚斯在《社会学是什么？》（*What Is Sociology?* London: Hutchinson, 1978 [Collected Works, vol. 5], pp. 111–116）中，更充分地讨论了他所说的 *Zustandsreduktion*（翻译为“进程简化”）。——编者

的。在多种情况下它们都被归为想象的精神世界。另一种看法就是把人还原为固定的身体[④]或物理事物的状况。在这种情况下，人类就像任何其他动物一样仅仅被简单地表示为动物。实际上，这些看法变化多端，且有许多中间形式。本质上，这里建议的是：恢复可观察和可理解的过程。

传统的先验论，即已经根植在我们思维方式里的范畴，告诉我们：世界足以被理解为大量互相对立的概念，比如天堂和地狱，自然和文化。然而，似乎没有人深入地考察过，这种以大量固定的相互对立的概念为形式的世界的符号代表，是否真的是最适于用来代
表世界本来面目的。更进一步的考察很快就发现：如果没有作为补 62
充的综合和（在大多数情况下）没有过程的综合，任何一对互反概念都不足以代表其所指的主体事物。对立概念“自然-文化”可以作为例子。这两个词都不够精确。但没有它们，一个人不可能表达出应该表达的事情。因为它们代表着一种高层次的综合，并且这样的概念很难处理。它们中的许多代表的不是事实，而是关于事实的推断或者关于事实和想象的混合物的推断。

比如说，自然这个概念[⑤]可以在符号上代表常常是发散的和甚

---

④ 埃利亚斯这里使用“身体”一词，更多用的是“物体”意义，超过了之前刚刚用过的人类生物体的意义。——编者

⑤ 从埃利亚斯 1921 年的最初的论文之一：‘On seeing in nature’, in *Early Writings* (Dublin: UCD Press, 2006 [Collected Works, vol. 1]), pp. 5–22，到他在 1986 年最后的作品之一：‘On nature’, in *Essays I: On the Sociology of Knowledge and the Sciences* (Dublin: UCD Press, 2009 [Collected Works, vol. 14]), pp. 53–65，自然这个概念是他作品里反复出现的主题。在后者中，他进一步讨论了这个概念已经被潜在的价值假设所渗透的种种方式。——编者

至不可兼容的综合的整个混合物。它可以代表只给人类带来有益和好处的伟大的慈爱母亲。“自然的”这个词可以是褒义的，表明它和人造的、人工的、不自然的，也因而不能成为自然的永恒的精华的事物相比，具有很高的正面价值。在实证的意义上，自然这个概念还可用来在符号上代表物理科学方面的事物。“永恒的自然规律”一直是耳熟能详的赞扬词。自然与物理学事物的等同导致自然与原子或物质的等同，与规律似的秩序的等同，与量化的等同。但把自然与物质等同也有消极的含义。把高价值附于自然可能被理解为把所有存在的事物，包括自然本身的生物方面，全部还原为物质。在这种意义里时，“自然”这个词代指着所谓物质主义的全部观点。这样，自然的事物与不是自然所赋予的而是人造的事物之间的对立，就可以改变它的价值论调了。在某种意义上，自然的事物表现出优于人造的实物；而在另一种意义上，人们眼里的自然事物却劣于人造事物。这是在讨论自然与文化之间关系时常见的情况。当被看作一堆原子自然事物与人类所创造的高价值相比较时，前者常被认为是低价值的。可以看出，这些争议与事实的关系较少，与价值的关系相对较大。“文化”一词从这个词的物质意义上讲，通常只不过是所有非自然产物的面罩。

63 20世纪的语言富有许多高度综合的令人迷惑的符号。换句话说，对更具事实性的信息进行解释所依赖的范畴的使用和全部状况，仍旧是不清晰的。今天，可能只有寥寥几个人能够意识到：由自然这个概念所代表的实际事物与由宇宙这个概念所代表的事物，几乎是完全一致的，因为宇宙的概念比自然的概念更确定地包含了人类。但是综合的类型，也就是今天常被称作为抽象的类型，在两种情况下是不同的。自然的概念为我们赖以生存的世界描绘了一幅完整的静止的图画。宇宙的概念更容易适用于过程语境。宇宙常常被描绘为进化的宇宙。在这个进化过程中，人类作为一种新的生物从我们的动物祖先中出现。目前，社会让我们随意使用的现有概念还没有发育到让人类从宇宙发育过程中的出现成为一个轻松的交流话题的程度。人们可能会认识到，这仅仅是许多事例中的一个，它告诉人们：一个以简化过程的二元论形式出现，固执地摈弃一个已达成共识的解决方案的问题，在外在评价被放弃、过程特征被恢复的情况下，如何具有解决的可能。目前，要求这样的发育的认知压力还不够强大。但现在足以在宇宙进化过程的框架中把人类当作一种新的后动物的生物了。按那种思路，我们可以通过对动物与人类关系的新观察，来补充“动物 / 人类”这二元对立的意义。认识到人类以习得的语言为方式进行的交流的唯一性，既不会把人类还原到动物的水平，也不会把他们从进化的背景中整个分离出来。

人类来源于类似猩猩的生物已成为一种共识。但这个过程的重要性，以及猩猩和人类的共有祖先与人类之间的进化距离，也许并不总被认识到。对于这一过程的起始期和终止期[⑥]，对于大猩猩的结构特征以及更像猩猩的我们的祖先的结构特征，我们都可能有清晰的认识。但对于从它们进化到我们人类的道路，我们却知之甚少。把一些使动物和人类区别开来的特征登记下来并不太难。除了作为变化杠杆的一般机制，比如生存斗争、适者生存以及此种情况在突变条件下的选择性运作以外，我们对使那些更像猩猩的、前人 64

⑥ *Terminus ab quo*：起始期，*terminus ad quem*：终止期。——编者

类的、主要以物种特有的信号为交流方式的生物转变为主要以语言为交流方式的人类的具体状况，却知之甚少。我们可能轻易就忽视：一种语言的使用，以及广义地说，大量符号的使用、控制和储存，是以特定的生物构造为先决条件的。

在生物意义上的学习适龄期已经开始学习将成为其母语的语言的某个人，以后可能会学习一种或几种其他语言。但是有理由认为：一种语言不可能在较晚的人生阶段被充分掌握，除非一门母语、声音模式及它们的符号功能和其他所有的东西都已在一个人生命的早期，也就是生物性地能够接受语言的时期，深深地印刻在了他的记忆中——在这个时期，一个孩子的生物上的成熟过程首先准备好去学习一门语言。在那个时期，孩子了解到，为了被他人理解，他必须在与一定社会言谈的规则或年长者们通用的规则相一致的情况下，调节自己使用自己的声音甚至快乐的能力。只有通过使用被社会标准化为这种或那种事物的符号的声音模式，孩子才能确信：听者把这些声音符号当作是代表与这声音的发出者所说的同一个事物的符号。只有在那种情况下，孩子才能融入与他人的交流对话中。也只有在与他人的对话中和通过与他人的对话，孩子才能发育成为一个独特的个人。

作为符号的人造声音模式的功能覆盖了一个广泛的领域。具备符号功能的声音模式可以指向诸如罐子和盘子之类的简单事物。特定的声音模式可以被社会标定，用来暗示出说话者指的是神，是他们自己，还是他们的谈话对象，或是交谈时不在场的人。许多当代语言含有这样的声音模式：它们充当着符号的角色，被用在其他事物之中协调人类之间的活动以及人类活动与自然事件的关系。简言之，人们通过习得以一种符码化了的语言为形式的传递和接收信息的技能，得以有机会进入宇宙中人类特有的维度。他们像许多前人类的事件一样，继续位于时空的四维体中，但作为人类，他们还位 65
于一个第五维，即符号的维度，这些符号被用作为人类交流和认同的方式。人们生活在这样一个世界，这里，包括所有可能的说话者自身在内的一切事物都可以被具有符号功能的特定声音模式来代表；也就是说，他们成为符号交流的主客体。然而，这样的交流需要有特定的符号清楚告知交流的听者在交流成形[7]中的情形，或者与此相关的信息中提到的所有人的情形。人们需要符号去毫无疑问地弄清楚下面所涉及的情况：那就是一条信息中提到的任何事件或活动谈及的信息的发出者或发出者的群体本身，谈及听者或在当下的交流结构之外的第三者。在许多当代语言里，诸如我、你、他或她，我们和他们等人称代词系列就成为这种功能的符号代表。因此，在一个对话中，人们可以以合适的符号为方式加以定位，可以是时空的四维空间里的人；也可以是社会的人；也可以通过一个人称代词和一系列其他符号性的位置指称，位于第五维。

---

⑦ 在本文中使用多次的成形（figuration）概念，是埃利亚斯20世纪60年代晚期引入用于描述彻底互相依赖的人的网络，他们的相互关系生成了权力的多变的不均衡的平衡。埃利亚斯把成形一词用于人们在他们之间建立的纽带，而把更通用的构型（configutation）一词用于星星、动物、植物的形成。比如，生物体的构型，乃是生物上固定的，除非出现基因或者其他生物突变、否则不会变化的。而人在环境中的成形是可变的、发育的、有阶段性或者反阶段性的。这一区分在《符号理论》中有长篇的探讨，也见 *What Is Sociology?*, pp. 127–33andp. 175. n. 1; and Elias's essay 'On nature' (see p. 62, n. 5 above) and 'Figuration' in *Essays III: On Sociology and the Humanities* (Dublin: UCD Press, 2009 [Collected Works, vol. 16]), pp. 1–3。——编者

在当今人类世界，以符号来再现一个人在对话成形中的位置的声音模式，在不同社会之间是不同的。因而，在法语中，说话者用诸如“je”或者“nous-mêmes”的声音模式来认同他们自己以及他们的群体；而说英语的说话者用“I”或者“ourselves”等词在符号上发挥同样的功能。独特的生物组织使人类能够通过他们每个人都能发出的、并且已被社会标准化为特定交流实物符号的特定声波，来
66 代表可在他们的社会成为交流物体的一切事物。在某一社会里没有符号作指代的实物在那里不为所知，也不能为人所知。但是在一个社会里，从不知到知有一些过渡阶段，反之亦然。对于特定的交流实物来说，制造符号和知的过程，或者，另一方面，符号和知识的衰退过程，都已在进行中。

由于人类特有的神经和听说构造，那些他们能以符码化的信息的形式发出和接收的相互联结的声波成为人类的产物。这种构造使人类不仅能够把声波作为信息的初始材料来发出和接收，而且能使他们把这些声波联结起来，或者更一般地，从许多不同方面型塑他们自己发出的声波——这些不同方面看起来没有物理和生物的限制，但却通过社会标准化和统一化，在社会意义上被限定在特定的界限里，没有那种社会标准化和统一化，人类制造的声音模式系统就不能满足作为一个特定社会的交流方式的功能了。在任何人类社会里可得到的社会知识积累，和因此在符号上指代所有社会可能经验的标准化语言，都有非常确定的界限，尽管某些社会成员正试图去扩展这些界限。这一事实为每个社会在任何时候的交流范围设定了限制。然而，一个社会里知识的范围，或由社会的语言符号所代表的、包括所有公开或隐蔽的交流话题可获得的经验的范围，都进

一步受到特定社会的结构尤其是社会的权力关系的限制。不仅在被标准化为既定社会的符号交流方式方面，而且在与许多语言符号有关的和一般以标准化形式出现的情感和价值意义方面，它们起到了重要的和通常是决定性的作用。

如果一个人说，语言就是一个由人类制造的声音模式网（这些声音模式在特定人群里得到发育，且作为特定交流主题的符号，已主要通过它自身的用法、避免误解的需要而被标准化了），目前这种说法听起来还不太令人熟悉。与群体的命运和经历中的变化相关，尽管声音和符号总是具有一些连续性，但它们都能随着时间的变化而变化。

67

第三章 作为一种突破性进化的“符号解放”

更为人所熟知的一种提及这些人造声音模式的符号功能的方式就是把这些声音模式的功能当作诸如句子或词组等语言成分的意义。然而，意义这个概念，却一点也不简单。在20世纪的学术话语中，它已被用作哲学神秘性的关键词。从那种意义上讲，意义，不管是言语的还是其他行动的，常常都似乎被认为指的是个人存在的一个终极的、完全自由的区域。人们可能会想起马克斯·韦伯对行动对个体行动者具有的意义的强调。[①]但是，个体行动很少只涉及自己。它常常指向其他人的行动。通常地讲，对行动者来说，行动的意义是由这一行动对其他人具有的意义所共同决定的。人们之间的相互关系不是累加的，社会不具有与一堆沙类似的特征，也不具有被安排进行机械合作的蚂蚁堆所具有的特征。它更像一个由活生生的人们所形成的网络。这些人，以各种各样的方式互相依赖着。一个人的冲动、感觉、标准和行动都可能强化他人的同样活动，或使他人的这些活动偏离最初的目标。他们可以共享一种行为规范，也可以成为对头。言语方面的争论就是一个例子。

---

① 见第35页注释4。——编者

如果争论者讲的不是同一种语言，他们就不可能争论。他们可以打死或杀死对方。但以言语为武器进行的争斗，需要解说者能讲双方的语言。

人类主要的交流方式的一个显著特征就在于：目前每一种语 68
言，都仅仅是被人类有限的一部分人所使用和理解。但与这种限制同时存在的是，在知识领域发育的情况下，许多语言在延展和创造词汇上具有明显无限的能力。在这两个方面，以语言为手段的人类交流方式都与动物的主要交流方式形成鲜明的对比。后者更大程度上由遗传决定，大致都差不多，对整个种族而言，虽然其地域性变异可能存在，但动物的遗传性太固定以致无法表达出创新。人类以习得的语言为手段的交流形式代表了一种独一无二的进化上的创新。在整个动物王国里再没有与此相似的。它建立在对习得的行为方式和遗传固定的非习得的行为方式之间的平衡加以最终突破的基础上，在此过程中，平衡偏向了前一种行为方式。在同一方向上长期的、预备的进化变化先于而且无疑也使最终的突破性转变成为可能。但是，尽管在其过程中，生物体根据通过个体学习所获得的、储存在记忆里的使其行为适应环境的能力稳定地增长，但非习得的由遗传规划的行动和交流方式仍然占据主要地位。总的来说，它们仍旧支配着大猩猩一类动物适应不断变化的环境的自我控制和自我调节。就人类而言，不论从哪一种情况下来讲都与人们所知的人脑中大脑皮层的支配地位相一致的是，以语言为形式的习得的交流类型上升到支配地位。从进化创新的角度来说，这即使不是更伟大，也代表着一个与导致陆栖的爬行动物转化为飞行的鸟类的突破同等伟大的突破。

通过语言方式的交流可以用作一个例子去说明多种多样的人类特征的统一。所有的人都把语言作为主要的交流形式。人们究竟说哪一种语言取决于他们成长和生活于其中的社会。目前，语言有着相当的多样性。如果目前把小的社会单位融合为大的社会单位的趋势保持其动力（这似乎绝不是必然的），语言的多样性就可能会
69 消失。一种世界语言，一种通用语，可能就会出现。但不管那会不会发生，语言交流都是人类的一个显著标志。更加清晰地回顾语言交流的结构和发育，可以有助于人们对把人类从他们使用前语言符号的祖先分离出来的因素作出更现实的评价。目前，人们似乎倾向于把人类本性和人类社会当作人类存在物的两个完全分离的部分来看待。缺少一种关于社会符号的理论，也是造成误解人类与他们更像动物的祖先之间的进化距离的一个主要因素。

稍微审视一下人类语言交流的结构，就可以清晰地看到：在一门语言的习得和使用过程中，生物因素和社会因素紧密地交织在一起。而且人类的儿童想成为充分发育的人的话，他们不仅有能力学习语言，而且必须学习一门语言，这一事实前面已经提过了。这一点显而易见。同样明显的还有以下事实：人类在生理上适宜于与他人的语言交流，因而就适宜于在社会中生活。如果许多种哲学和不在少数的人类科学理论中隐含的人类形象给人以这样的印象：每一个人天生就适合单独个体的单独生活，如果是这样的话，那么在当代发达社会中占支配地位的社会习惯的特征以及与其相联系的基本思维范畴，就蒙住了本可以看见显而易见的事实的眼睛。

许多习惯词组见证了"我-我们"之间的天平[②]不公平地偏向了"我"。这样，事实上，孩子学习了在既定的社会里作为交流媒介的语言。但"学习语言"这个词组常常被反过来用在那些已不再是孩子的学习第二或第三语言的成人身上。如果提到孩子时，人们通常不说孩子在学习一门语言，更多的是说"这个孩子在学说话"。在这种情况下，自然成熟和社会学习之间的天平，更强烈地偏向了前者。或者拿"词语的含义"这一表述作为表述方式；它在严格意义上是不正确的。因为一个声音模式如果没有意义或者有不同的表述，如果它还没有打上作为一个特定交流话题的符号的社会印记的话，就不是一个单词。比如说声音模式"abracadabra"。它不是一个单词，因为它不能被一个人类群体的所有成员理解为指代某一事物或功能的符号。它仅仅是一个毫无意义的声音。在惯常地说单词有 70
意义时，事实上是在断言，具有意义的声音模式才有意义。人们把语言成分的符号功能当作语言的一种特质，甚至当作一门语言的使用者每个人（先验地）赋予他所说的每一句每一词时具有的特质。这样说来，单词、意义和所指的实物之间的关系或者后者的功能，仍然是完全不清楚的。传统的以及因此显然更地道的说话方式促使我们把语言及其成分分开，比如一方面是句子和单词，另一方面是意义，然后是所指的实物和交流的功能。这就阻碍了人们全面理解以下事实：就语言形式而言，自然和社会或者说自然与文化，彼此是紧密锁连在一起的。

---

② 见 'Changes in the we-I balance', Part Ⅲ of Elias, *The Society of Individuals* (Dublin: UCD Press, 2010 [Collected Works, vol. 10]), pp. 137-208。——编者

更全面的理解需要走很小但却是必不可少的一步。这一步可能很难。这里不要区分语言成分和人们创造的语言的意义，而只有首先把声音模式和它们的符号功能分开，人们才可能找到与现实更一致的轨道。在后面的阶段，人们可以研究这些符号和实物之间或者符号与符号所代表的交流功能之间的关系。

语言成分的声音模式是一个物理事件，它常常首先是作为把信息传递给他人的手段而被人类创造出来。人类所创造的声音模式是信息的物质载体，它多多少少具有同样的功能。如果人们把一个单词的声音模式当作一条信息的实际载体，就像电话线的运动或者无线电波一样（发送者发出无线电波，并把无线电波再转变为在无线电台的发送者希望传送给具有接收装置的接收者的声音模式），就更加好了。如果没有人的接收器调到了广播信息节目被发送出时的波长，那么发送广播信息就是无用之功。那么，通过传播相互联结的声波把信息发送给他人的个人怎样才能确信自己的信息能被他人
71 所接收呢？这些信息被接收的机会只有一个，即发出口头信息的人和接收这一信息的人说的是同一种语言。或者说，被信息发出者所发出的声音模式在符号上为信息的发出者和接收者代表着相同的实物和功能。因此，如果“一小群水牛正从你右边的古树那边走过来”这样喊叫出的信息要完成其使命的话，发出者和接收者必须把声音模式“一小群水牛”或者“你右边的古树”等声音模式和同样的交流主题联系在一起。语言只有在所有过去和现在的生存单元的个人都使用和理解同样的、代表同样交流主题的声音模式时，才能像这样行使其功能。

通过教育，可以一致地达到效果。孩子们都是从很小的时候就

开始学习并记住他们所处社会里的声音模式都符号性地代表什么样的交流主题。他们总是根据在其所处社会中人们表达信息而发生和接收的声音模式的共同方式，来学习并调节他们的语言行动，或者说就是行动。这是在人类语言结构中自然和社会相互关联的最关键的一方面。为了交流的目的，声音的发出和接收这一纯粹器官和物理方面的事件，已不再主要或完全受制于生理遗传的决定。取而代之的是：发声这一器官方面的事件，很大程度上可以按照一种习得的声音调节的社会规则来形成。这种规则是一个语言社会的大多数成员在年轻时就已掌握的。它使人们能够把同样的声音模式理解为同一个交流实物和功能的符号。人们可能会谈及人类的“符号解放”。即从大致上非习得的先天信号的限制中解放出来，转变为以交流为目的主要是习得的声音模式占支配地位。

目前，对于达到以社会化的标准符号为交流手段这一突破的条件和方式，我们还知之甚少。人们只能看到这一突破已取得的事实，以及它代表着一个至少可以与从爬行的前腿到飞行动物的翅膀的转变同等重要和伟大的进化创新。语言交流在智人阶段所达到的
相对完美并不是一次单独突变的结果。人们可能会想到一个长期的 72
过程，也就是在同一方向上的一系列小的迸发。每一次小迸发都为其持续的物种斗争提供各自的优势。如果人们能够回头看看从非习得的在动物中广泛存在的交流类型到主要是习得的在人类中盛行的交流类型的转变，把它当作一个单独事件，那么认识到已经取得的优势并不太难。非习得的动物信号，不管是声音信号还是整个身体的运动，都更紧密地与发信号的动物所处的短暂情景联系在一起。如果狗不处在需要它们发出吠叫信号的情景下，要教会狗吠，似乎

它们会因有人侵犯而生气，这是很困难的。大猩猩天生就被赋予大量的体态、运动和声音的技能。它们甚至可以学会对先天固定的信号加以变化，以此作为使其相互交流更加适应变化着的环境的方法。但它们没有信号可以像“一小群水牛正靠近右边一些看得见的古树”那样详细地接近变化的环境。人类语言行动从不止一个方面预设了一个相对比较高的将自己从自己暂时的环境中抽离出来的能力。人们看不见月亮也可以谈到月亮，看不见水牛也可以谈水牛，在句子和词的帮助下的定位使人可以有远远超越动物所及的适应环境变化的灵活性。动物的遗传结构使其拥有一种适应特定环境的最好方式，但却阻碍了它们在环境变化超出遗传天赋的情况下适应环境要求和变化的能力。

第四章　通过习得的声音符号的交流具有高度生存价值

《人的独特性》一文出版于1941年，很值得再读一遍，在此文中，朱利安·赫胥黎观察到，人们对于自己在动物中的位置的看法，一直在两个极端大幅度地摇摆不定。①一会儿仅仅模糊地认识到人类与动物之间的联系，一会儿生物学家们却又倾向于仅仅认识动物与人类之间的相似之处而忽视它们之间的区别。他所举的一个关于动物的刻板的先天行为的例子可以用在这里。当小鸟们在巢里张口和尖叫的时候，它们的妈妈可能会喂东西给它们吃。②但如果它们已经被一只小布谷鸟从巢中逐出，鸟妈妈会让它自己的小鸟们挨饿，而在巢中喂食这只小布谷鸟。它的遗传结构决定它可以在巢中喂食张着口尖叫的小鸟，但它却不能适应它所不熟悉的必须在地面上把食物喂到张着的鸟嘴里去的情况。同样，雌性狒狒在其后代死了之后，还会继续带着尸骨，直到这些尸骨不仅腐烂了而且已经干瘪了为止。这看起来是因为接触刺激的缘故：母狒狒对任何形体小

---

① Julian Huxley, 'The uniqueness of man', in *The Uniqueness of Man* (London: Chatto&Windus, 1941), pp. 1–33. [见前第47页注释11]

② 同上书，第20页。本段对动物行为的描述紧跟在赫胥黎类似释义的文本之后。赫胥黎提到的鸟妈妈其实是草地鹨。

的毛茸茸的物体都会作出同样的反应。这些例子可以帮助我们更好地理解由人类所代表的进化创新，和由他们所代表的进入一个新境界的突破——也就是以符号作为行动定向和指导的手段。人类所能做到的和目前我们所知的动物所不能做到的，就是对在相似的环境里的变化以及相应的行为改变进行符号分析和符号综合。一只先天
74 遗传就能够迫切希望在巢里喂养小鸟的母鸟，却不能进行必要的符号分析和符号综合，以弄清楚它的小鸟已被一只小布谷鸟逐出巢，现在正在地面上张着嘴尖叫。它的行动指导也不够灵活，使它不能够通过符号，在对情况进行新的分析和综合的情况下改变自己的行动。

人们互相交流方式的符号特征，到目前还没有受到足够的重视。这一方面是因为人类交流方式的语音模式方面被认为是可以忽视的，而且确实经常被彻底地忽视了。还有一方面原因就在于公众观点背后的"常识"理论。它的广阔空间足以使进一步的质疑不被听到。根据这一点，概念是通过一个"抽象"和"普遍化"的思维过程而形成的。事情似乎就是这样：人们这样得到比如说树或桌子的概念：把实际的树和桌子所有的差异性质抽离出来，只保留那些它们所共有的性质。这种探索概念形成问题的方法，它的自我标榜不仅仅是因为其简明，而主要的是这样一个事实：它把概念形成展现为一个纯粹的人类个体的思维过程。这样，它就很容易和一个广为人所知的模型一致了，这个模型是：概念形成可以被看作是在时间长河中有始有终的一个个人思维过程。

这个常识理论的一个不能解决的问题就是它难以轻易地与观察结果相符。如果一个人经过观察就会发现：把概念作为个人抽象

和归纳的思维过程的解释，是个人还原现实的一个典型例子，而现实事实上需要通过许多人行动和思维过程的交织才能得以解释。个人的抽象思维过程让人创造出一个新的概念，这样的情况当然不会经常发生。即使真的发生，这样一个个体的思维过程本身也不足以解释在一门语言中任何与一具体语音模式相关的概念的存在。只有在当它受过对话的严格训练并且这种对话涉及并交织着许多人的思维活动之后，它才获得这样的特点。这种许多群体成员活动的交织 75
是就人类而言，因而从社会学上说，是任何特定语言里概念的命运的一个关键方面，并且，这些活动是否普遍具有抽象和归纳的特点也很值得质疑。很多情况下，一些第一眼看起来似乎是向更高抽象和归纳的水平过渡的现象，在经过进一步观察后，显露出其向更高综合水平过渡的本色来。

这里，人们碰到了传统哲学方法和社会学方法之间，特别是哲学和知识社会学之间的一个基本区别。欧洲知识哲学主流背后的人的基本模型，就是人独自全靠自己获得知识。然而，每一种建立在这种模型基础上的概念形成理论都会遇到同样的困难。为了成为交流手段，特定的语音模式必须在同一种意义上为整个群体所理解。很难想象，如果没有少量的社会整合和控制，一个人群里语言的相对一致性怎么能得到保证?

某些人独自而且全靠自己形成概念，他们一般通过语音模式传送这些概念，最近也有通过视觉形式传送的。而这些人怎样才能保证，这些意义模式在信息接收者的记忆储存里，激起了与信息发出者将这些语音模式联系在一起的同样的画面? 人类以语言为方式获取知识的形式，只有在既考虑了信息接收者又考虑了发出者之后，才能被理解。哲学传统试图给予知识以信息发出者的独白的外衣。在这种情况下，作为知识主体的个体单独面对着客体的谜，而且在没有参考似乎处于同样位置的其他人意见的情况下，尽量猜出这个谜。当前的任务就是恢复知识的特征，也就是知识一方面作为被每个个体所面对的客体的知识，另一方面作为个体之间语言交流的对象。人类天生就被赋予了无限能力，去发出和接收可作为一个群体内每一个可能的交流对象的符号的语音模式。不能被一个特定群体的符号网络所代表的事物，是不能其成员所知道的事物。由于天生就能够通过语言符号将他们自己在世界中定位，但人们也需要符
76 号；他们必须习得群体的符号，不管他们的感觉模式是什么样的。不学一门语言的话，他们就不能调节他们的行动，简单地说，不能成其为人。

我们的祖先，不可能知道今天的人们所知的所有事物，如果没有他们本性的另一种独特特质的帮助，他们一定会处于一种不可忍受的境地，这种特质即一种广泛的唤醒记忆中的感觉和经验的能力，以及用符号代表事物或事件的能力，而这些事物、事件此时或任何时间都不在那儿，也许根本就不存在。他们能够形成一些幻象，表示的是现实中根本没有相应形象的对象。

只有在20世纪，人类才把有关太阳的知识发展到使得人们可以说人类知识确实是与事实一致的程度。[3]我们的祖先经常想出一些有关太阳的想象画面，以此填补他们知识的空白。但是，现实的知识代替想象的知识则提出了一个特别的问题。感性想象的知识在

③ 关于与现实一致的概念，请见前第xviii页注释13。——编者

人类社会生活中可能根深蒂固。它达到并能达到阻碍对与事实更一致的符号进行研究的程度，而给人以与事实一致的印象。关于知识的哲学理论本身即是一个例子。通过把单个个人的思维过程放到知识问题的中心，通过假定概念的形成发源于“抽象”和“普遍化”之类的个人思维过程，关于知识的哲学理论可以为一个人类迫切需要解决的问题找到答案。许多哲学家倾向于认为，回答这个问题的需要属于人类智慧中的先验论，或者换句话说，它优先于所有个人经验，并且是人类本性使然。

我们谈及的这种需要就是用原因和起因等术语来解释事件的需要。用抽象和归纳等术语表现出来的概念形成的理论就满足了这种需求。它们提供了关于“概念如何产生”的答案，至少也为“概念如何能被解释”这一问题的终极回答提供了希望。比如，我们可以说“芽孢杆菌”（bacillus）这一概念是在19世纪初期被一个叫穆
勒的德国科学家所创造的。[4]他把在显微镜下看到的一些像小棍子 77
的物体视为疾病的肇始者。通过把他自己的经验普遍化，他提出了这样的假设：许多疾病都是由像小棍子一样的物体所引起的。在借用了拉丁语之后，他发明了“芽孢杆菌”这个词。不久之后的事实证明，不是所有的细菌都像棍子，但这个词在大多数当代语言中都根深蒂固了，并且从那以后这个词作为定位手段发挥了很大作用。

④　奥托·弗雷德里希·穆勒（Otto Friedrich Müller, 1730—1784）：试图区分几类细菌的丹麦生物学家和博物学家，他创立了几个至今仍在使用的专用词汇，比如1876从拉丁词baculum的别称衍生出来的芽孢杆菌bacillus，意思是小小的杆。1853年德国植物学家费迪南·科恩（Ferdinand Cohn, 1828—1889）把bacillus一词引入了细菌学。——编者

它对于“一些类型的疾病如何开始，是什么或由谁引起这些疾病”这样的问题，呈现了一个崭新的答案。我这个简单讲述的故事，也在一定程度上肯定了作为解释“概念产生方式”的抽象和归纳的理论。

在一个人类群体里，概念得以流行的方式有好几种。比如“父亲”这个词就是一个难以探究起源的一个虽然小但发人深思的例子。根据牛津词典，它的主要起源之一是一个普通的条顿语。这就提出了它在条顿语里的起源和开端等等永无休止的问题。它指出了一种人类特有的关系，这种关系在动物世界里也许几乎没与其他关系分开。这样，作为指代一个人的祖先的词，“父亲”已被社会标准化了。这也许与亲缘群体关系从大的转变为小的父系的结构是一致的。孩子们使用“父亲”这个语音模式时，不会把它作为个体思维过程的结果——这一思维过程基于这样的观察：孩子通过抽象，发现其他孩子与他们父亲之间的关系，和他自己与其父亲的关系是一样的。而是因为他们很早就发现“父亲”这个表达，或其他相应的表达，在他们的社会里被用作指代这种特定的人类关系。回顾一下就会知道，这个词的用法是与特定的责任和权利联系在一起的。“太阳”这个词也是一样的。在英语社会里，它既能被孩子们所使用，也能被天文学家们使用。在这两种情况下，由“太阳”一词所联系的氛围可能是不一样的，但因为这个语音模式已被社会性地与它所指代的信息联系在一起，所以在这样一个社会里，这个语音模式携带的信息的核心对不同的人来说都是相同的。如果要两者看一
78 看法语“太阳”（le soleil），他们可能都会不知所措。

“发展”（to develop）这个词是概念发展的最标准例子。[5]它可以大致表明概念可能发展的一个主要方向。如今，我们理所当然地使用着许多带有全球[6]意义的名词，对于任何确实的事件，这些名词不能立即被理解。琢磨一下这样的语音模式就会发现，它们是由范围更有限的、代表马上就能被触知的实物和事件的语音模式演变而来的。后者常被称为“具体概念”，前者常被称为“抽象词”。但具体概念并不存在。罐子和锅可以被叫作“具体实物”，但罐子的概念却不能说是具体的。它也不是抽象的。运用到概念时，具体/抽象的概念对立就无用了。可以观察的是代表低综合水平的概念和代表高综合水平的概念。在目前最高水平的发展阶段里，“抽象词”在社会语言中的发展经常呈现出从低综合层次向高综合层次发展的特 79
征。“发展”这个词本身可用来作为例子。在17世纪晚期，标准化的语音模式“to develop”如果被人用来表示解开婴儿的包裹，[7]还仍然能被理解，到19世纪末期，“to develop”还能代表一个中等范围的综合。比如它可以指为一次进攻而逐渐展开部队。社会对于一个

---

⑤ 埃利亚斯在《社会学是什么？》（*What is Sociology?* London: Hutchinson, 1978 [Collected Works, vol. 5], pp. 145–52）中详细讨论了“发展”这个概念的发展，也见 Eric Dunning, 'The concept of development: two illustrative case studies', in Peter I. Rose (ed.), *The Study of Society: An Integrated Anthology* (New York: Random House, 1967), pp. 879–93。——编者

⑥ 埃利亚斯此处使用的“全球的”一词，是用其较旧的、分析性的意义，即指很多事物的总体，它不是“世界范围的”同义语，也不是“全球化的”意思，而是在1970年代兴起后被社会科学广泛使用的含义。见 Richard Kilminster, *The Sociological Revolution: From the Enlightenment to the Global Age* (London: Routledge, 1998), ch. 6。——编者

⑦ 就是说，是包叠（envelop）的反义。——编者

在更分化的方向上代表不断持续增长的概念的需求明显地增长了。社会思维方式已经达到了这样一个阶段，在这个阶段里，不管什么样的外在变化方式与内在动力在同一方向上结合，人们仍然需要能代表一个逐渐显露的、连续不断的而且经常是自我永存的分化过程的共同符号。“发展”一词实现了这种功能。这个例子有说服力是因为与动词“发展”相应的词并没有经历相应的变化。它仍然以一种高度专业化的方式保留着它低综合层次的形式，比如，当人们说到一封信的信封的时候，情况就是如此。目前，“发展”这个概念根本就没有怎么发展，以至于人们仍然很不清楚概念朝着一定方向发展的条件。（“退化”一词，也没有完全表明它作为在相反方向上的变化的代表符号的重要性。）但也许值得一提的是，在一个特殊领域，即摄影领域，“to develop”一词仍然在使用其旧有的含义。人们可以说展开（develop）一个胶卷。

“to develop”一词社会功能的变化表明了一个特有的模式，它是一个人们在具有许多较高综合层次的组成部分的语言里经常碰到的模式。就像前面提到的一样，它们都是由低综合层次的语音模式演变而来的，或者像有的人说的那样，由更不抽象或更具体的语音模式发展而来。习惯于在高的综合、分化和与现实一致性等层次上运用概念的人，不管是否是专业人士，都常常倾向于把这种能力归功于他们自己的智力特质。毫无疑问，这种智力特质对他们处理这样的概念有一定作用。但是人们可能会忽视，从所有这些方面处理高层次概念的能力，依赖于在那个社会里概念的全面发展。

人们可能有这样的印象（我们的知识太不全面，以至于不能说得更多）：在前古典和古典时期的古希腊，出现过朝着那一方向的一次大迸发。在那种情况下，概念综合、分析和与现实一致性的发展也都在齐头并进。要想确切地知道已发生的事情，人们必须将它和埃及语，巴比伦语以及其他不为人熟知的当代语言，特别是腓尼基语言，作一些比较研究。对我们今天所称为中世纪晚期和文艺复兴的时期，也是一样的。它们的典型从古代的概念创新中受益并超越了它们。[⑧] 在19世纪尤其是20世纪，概念发展和过去相比，更具备了部分自我保存的知识发展的特征。在那个时期之前，没有几 80
个社会经历过这样一个阶段，在这个阶段里，其成员具有与其他人交流他们社会或一般社会之发展的需求。最后，总是一个社会的命运、它的变化着的社会结构和它在其他社会里不断变化的位置被反映到其语言的发展和特征里。当一个民族的社会成员在他们变化着的命运历程中学着去经验这个世界时，这个民族的语言本身是这个世界的符号再现。同时，一个民族的语言也影响他们的认知，因而也影响他们的命运。

这里，我们触及与其他物种相比人类经验世界的方式的最奇怪的特点之一。他们经验世界，不仅仅是像旧的知识理论所表明的主体面对客体，而是主体面对客体自身的物质世界——房子、群山、植物和太阳，同时，还通过他们相互之间的交流的中介，通过他们的语言的中介。因为，尽管语言的基本功能是交流手段，但语言交流使整个人类经验世界的方式变得多种多样。人们可能被吸引以接近传统知识理论的方式去再现我这里提到的基本人类状况。然而，

---

⑧　在重写的导言里，埃利亚斯选择这个主题（举了毕达哥拉斯的例子）有着更多的用意，见前第28页。——编者

这里并不是指出，语言是介于主体和客体之间的不可去掉的面纱。每天早上在地平线上升起的太阳是发射出让人类感觉为光和温暖的真正的太阳。但同时，我们还通过语言，通过相互的交流，经验了日升日落。在语言和交流的帮助下，不管太阳是否看得见，人们都能谈到太阳。同时，人类也能够区分太阳这个概念和太阳本身，区分符号和符号所代表的事物。极端化和还原的倾向都可能误导观察者。

作为一个过程，语言处于不断的变化中。一个符号的感觉（或想象）的内容和与事实的一致性之间的天平，可以在任何一端变化。语言成分作为符号的特征与人类通过语音模式唤起当时并不在场的实物和事件的记忆图像的广泛能力是紧密联系在一起的。语音可以唤起一个图像，而不考虑它所代表的交流主题是否在此时此地
81 出现。语言提供了明确的语音模式，这些语音模式在符号上表明了它们的在场或不在场。因为人类一般带着一门特定语言即他们的母语长大成人，他们通常都形成了一种强烈的自然联系的感觉，一种必然把各种社会语音模式、社会符号功能和由它们所代表的交流对象互相联系在一起的感觉。事实上，这种必然是不存在的。英语语音模式“sun”，法语语音模式“soleil”，以及其他任何语言里的语音模式都同样轻松地以符号代表着这同一件事物。除了少数例子，比如“妈妈”、“布谷”、“轻语”等类似的代表从声音上模仿一个自然事件的词，声音、符号和被符号化的实物和功能之间的关系，可以被看作是纯粹偶然的。从事实来看，不存在这种自然的必然，但一种社会的必然则可以被发现。就人们所能看到的而言，在很多情况下，这种联系有一个长期的、没有开端的谱系。它是社会长期发展

的当今结果。如果任何人想打破这种联系，则他（她）就不能被其同胞所理解。这样的人似乎在说外国话或胡言乱语。

语言群或同一语言的不同形式，反映了一个社会或一组社会的权力结构。如果不同语言或同一语言的不同形式在同一社会里被使用，它们经常都按与这一群体有关的权力机会和地位机会而排序。但那还不是全部。语言本身对其个体的使用者施加了权力。语言有它自己的强迫力，它多多少少迫使那门语言所有的使用者把在说话时的自我调节服从于社会共有的言语调节。那是怎么一回事呢？难道语言不只是组成一个群体的所有个别成员的言语行为和说话的自我调节的总和？答案是简单和显而易见的。群体里使用同种语言的个别成员通常都为其从规范一个群体语言行为的传统调节习惯里偏离出来留出了一定的余地。这一余地使得语言处于流动的状态。它为一个群体的符号储存中的有限变化敞开了大道，从而为对应于新的共同经验的新的符号的产生提供了机会。这些新的符号能够从群体成员之间的数量众多和持续不断的对话中产生，从而不打破语言
流动的连续性。但是，如果个体从语音模式的传统储存偏离出来的 82
空间过大，他（她）就不再被同胞所理解。这也回答了为什么在每一个使用自己的语言的人类群体里，个体说话时的自我调节必须服从于他们共同语言的社会调节。如果他们不这样做，通过语言进行互相交流的可能性就会陷于停顿。在那种情况下，语言就不是交流的手段而成为交流的障碍了，这种情况常常发生。

对个体言语偏离空间的限制，可以提醒人们：语言不是一个群体内个体言语行动的累加。它也不仅仅是表明一个特定社会里说话方式的恰当或不恰当的一般规则或规范。互相交织的语音模式，从

符号上代表了一个特定社会里可交流的和可知的一切事物，它们的网络是一个可触知的和实在的范畴。一门语言的符号网络是怎样从目前人类群体的祖先里更具动物特性的、前语言的交流形式发展而来的？它又是怎样发展为许多种不同语言的？这些问题代表着目前人类知识的前沿。

人们可以猜测到：通过一种语言的语音模式进行交流的能力具有很高的生存价值。人类祖先中，不充分具有语言交流能力的所有种类都已经消失了。在现存的人类群体中，覆盖了所有可交流事物的广泛的语音模式从一代传到另一代，而且在传递的过程中，它们可能发生变化，这种变化本身就是一个长期的大体上非计划过程的一部分。在这个过程中，一套被称为语法的一般规则和原则通常被抽象出来。但这些规则并不是由一群厌倦了身边乱糟糟的语言混乱的可尊敬的公民以社会契约的方式建立的。不同的时期人们都在进行着建立一种语言法规的尝试：在法国曾经是法兰西学院，[9] 在德国有一本广泛被接受为权威的书《杜登大辞典》(*die Duden*)，[10] 它们都
83 是例子。但它们充其量不过是对首要语言规则的次要强化而已。语法规则之所以是首要的，仅仅是因为语言作为在特定社会单元里交流手段的功能。语言的整齐划一（语法就被称为一个例子），是首先在它们的实践使用中并通过这种实践使用而得以形成的。它们的使用是一个非计划的社会发展的过程的一部分，此社会发展没有甚至也不可以想象有一个绝对的起点。

⑨ 法兰西学院，建于 1635 年，是法国语言正确性的监护者。——编者

⑩ 1880 年出版的《杜登大辞典》是关于德语拼写的官方标准词典。——编者

在一个很长的时段里，人类语言的发展一定是未经多少反思地成了不言而喻的惯例。大多数人都理所当然地接受了他们社会中作为特定交流物的符号的语音模式。最多，专家把物与它的语音符号之间的关系视为一种反映关系。一门语言的本土持有者不由得会感觉到，他们任何的交流物的语音符号都是恰当的、自然的。更有甚者，即使像太阳这样不会引起争议的物体，在不同的语言里也可能有着不同的意涵。几乎每一个有着相当长历史的名词在特定的语言里都有特定的氛围。法国人往往毫不费力地就了解习语“le roi soleil”，[⑪]而把它从字面上翻译成德语或英语就可能有些不顺耳了。只有翻译者才知道它们的差异有多大。如果不是自己的语言，其习惯性用法包含许多陷阱。

也许，需要努力做到自我疏离才能认识到：作为一定物的符号的语音模式和那些物本身之间的关系，在大多数（如果不是所有）情况下是习惯使然，而且在那种意义上是偶然的。但是，对在一个人母语里的这两者之间必要关系的感觉仍然不是完全没有道理的。在我们这种通常把“必要性”一词先入为主地视为物理的或自然的必要性类型的社会中，区分自然的和社会的必要性类型也许并不总是容易的。把语音模式“太阳”联结到它在符号上指代的天空中那个物体的自然的必要性并不存在，但是也许存在着连接它们的某种社会的必要性。如果使用另外一个词指代太阳的话，人们也许就不能理解了。在这里进入的问题领域现在还没有吸引很多思考和研

⑪　此处指法国国王路易十四（1643—1715），实际上，“太阳王”一词在英语里并不陌生。——编者

84 究。对语音模式作为信息的物理传送者，作为交流物的符号，以及它们自身这三者之间的三角关系的注意，为一个极有前途的问题领域打开了大门。它在目前仍然在某种程度上被长期的习俗所阻碍，使得相关的问题往往还在主客观关系的范式下被讨论。

第五章 言说、思考、认知：与现实一致的符号的社会起源和心理起源

语言的惯用法能够对有关我们生活世界的知识和推理的进展产生最猛烈的抵抗。在我们这个时代，人们普遍在谈及*语言*、*理性*和*知识*这三个名词时，似乎其中每一个指的都是人类生活的各自独立的领域。某些专家甚至认为其中的任何一个似乎都可以在不顾及其他的情况下被独立探究。例如，语言理论和知识理论就常常给人这样的印象：它们研究的主体事物存在于不同的世界中。它们之间的关系作为一个悬而未决的问题，并未常常得到明确的讨论。而且，如果我们把这三者各自由实词[①]形式转化为动词形式，并且虑及我们称为“*言说*”、“*思考*”与“*认知*”的这三种人类行动之间的关系，那么这些领域间的分离与孤立状况就会变得更成问题。通过更仔细的观察，人们或许会认识到，所有这三种行动都和符号的处理有关。要把它们分开是很困难的。通过与共同的语言模式相符合的发出来的声波，说话的人向他人传递讯息，他们将和潜在的讯息接收者分享关于这些共同语言的知识。思考在今天被广泛认为是一种高度个人化的人类活动。人们常常仅仅关注单个人在沉思默想或单独

① 即名词。——编者

的情况下所进行的思考行动。然而，即便在今天，也总是有着通过讨论、通过集体思考的方式进行的思考行动。儿童比成人更倾向于通过出声来思考。事实上，人们必须学会在沉默和没有任何明显的言语形式情况下的思考。这是否是对一个成熟的人的普遍要求，以
86 及在多大程度上是，取决于人们成长和生活的社会的发展阶段。总的来说，在较早期的社会中，群体思考比内心独白可能更具优势，而在没有明显言语行为的情况下，思考的倾向已随着识字的普及大大加强了。到了较为发达的社会中，不公开使用发声器官来阅读的能力已是对成年人的一个普遍要求。我仍然记得，那是在大英博物馆[②]的阅览室里，我刚坐下一会儿，就听到挨着我坐的一位年长的亚裔学者一边读书一边轻轻地自言自语起来。正是这种难忘的潜在经验使我认识到思考与阅读的无声形式是与社会与个人发展的特定阶段息息相关的。

一个绵延已久的传统以及与它相关的语言惯用法已造成这样一种印象，即思想、知识和语言在某种程度上存在于人类的不同部分。关于思考或者（根据人们的爱好）关于理性的研究和理论，与关于语言的研究和理论因此表现为两个完全分离的探索领域和不同的独立专家群体的职业工作。与传统的学术分工（这至少可以追溯到中世纪或更早时期）相一致，人的思考这一本性及其形形色色的

---

② 在《生命的回顾》（*Reflections on a Life*, Cambridge: Polity, 1994, to be included in *Interviews and Autobiographical Reflections* [Collected Works, vol. 17], p. 55）中，埃利亚斯对20世纪30年代和40年代他在大英博物馆好几年日复一日的潜心研究的经历说得更多。（直到1973年，大英博物馆一直是国立图书馆，1997年由于大英图书馆建成，具有历史意义的大英博物馆阅览室才不再担负其初始的功能。）——编者

变种，诸如理性、头脑、合理性、反思或者理智，被广泛地看作是人的共性。它被看作是只要人类存在，它在所有的人类种族以及任何时期中都绝对是完全一样的。理性、意识或者不管人们用什么样的名称来指代的这种被认为是不变的人类本性，都因此可以显得和因社会和时代而异的语言并不一致。理性与意识似乎也可以和随着不同的时代增长和衰落的知识不尽相同。人们禁不住会觉得语言与概念的遗产置于我们面前的是一个分裂的并且有些混乱的人的形象。是否可能是这样：语言的习惯用法，如同其他方面一样，太容易使得内容依赖于分析而不是综合，依赖于使用诸如语言、意识和知识等分类性名词指代人的不同方面，而其中每一方面似乎都在自
己的部分内得到了充分理解？在一个或多或少已得到很好整合的人 87
的统一体中，何必还要为它们之间的联系而苦恼呢？

如果人们把这三个名词看作指代三个不同研究领域的符号，对这些研究领域的探索是不同的专家群体的职业工作，那么它们的分离状态就是当然的了。而如果人们把这些名词看作是与人类个体的整体指涉框架相互联系的不同类型的功能的符号，那么这种分立就变得难以成立了。在前一种情况下，对诸如理性或意识的探究极易成为人们思考的所在。在那个理性还是一个时髦词语的时代，康德将其归于先于一切经验以及由此独立于一切习得的知识（包括语言知识）的结构。当理性不再是一个流行的哲学术语的时候，意识一词在某些方面取代了它的位置，列维-斯特劳斯[3]就又把一种先于一

③　克劳德·列维-斯特劳斯（1908—2009）：法国人类学家，20世纪50年代和60年代结构主义知识运动的创始人，结构主义赋予了共时性（结构）对于历时性（过程）的优先权，他认为所有结构（包括语言、神话、亲属模式）（转下页）

切习得知识的结构赋予意识。如果人们的注意力不总是放在作为人类经验的普遍特征的任一特定类型的关系上，而是放在这样的关系建构上，那么混乱状况就有可能消除。如果远离了这一点，人们就有赋予意识或者就此而论赋予语言与知识（特殊的非习得的本质——先验本质——）以结构的危险，而结构事实上应归因于它们作为交流和定位手段的一般的社会功能。

比如在诸如现代荷兰语、法语、德语或英语这些语言中，通过一系列人称代词，[④]社会功能在语言中得以实现。人们可以大胆地断言，各地的人类语言都有或有过语法形式来担当由上述语言中
88 人称代词所实现的功能。但是，可以肯定，并非所有语言都使用一系列诸如我们、你们、他们这样的特殊词汇来实现这些功能。比如在拉丁语中，就是用特定的动词形式来实现这一功能的。古罗马人通过说“amo”来指示第一人称，而这个词相当于现代英国人的“I Love”。但是说某一语言的人们，无论企图用什么样的符号形式来实现这一种功能，功能本身、进而语言的这一结构要素却并不植根于如此的语言或意识，而在于这样一个事实，在群体中共同生活导致了一定的基本需求，更重要的是，这导致把同样的需求施加在想

（接上页）都是由构筑于人类心智中的二元对立所形塑的。在他的众多著作中，《原始思维》（*The Savage Mind*, London: Weidenfeld & Nicolson 1976 [1962]）尤其与埃利亚斯所论说的相关。——编者

④ 这里，埃利亚斯没有使用结构功能主义者常用意义上的功能这个概念，即功能当作某种（比如整个人类社会的维系的）制度，当然，他注意到人类的人称代词为人承担着社会功能，更多的阐释请见 Johan Goudsblom, *Sociology in the Balance* (Oxford: Basil Blackwell, 1977), pp. 175-80，关于人称代词，见前第 6 页的注释 3。——编者

要相互生存就必须能够通过符号彼此交流的人们身上。于是人称代词“我”或者与此等价的一个符号就被在对话中使用以便指出，大多情况下由一个动词所指示的活动曾经、正在或者一直由说话者本人进行。单数的“你”携带的讯息就是，在谈话中提及的活动指向的是谈话针对的人。“我们”表明包括了说话人在内的一群人，同时第三人称陈述指示的是那些在说话时不在场的，没有被涉及或者无论如何既不是说话人也不是受话人的那些人。

无论信息指向自身，指向接收人，还是指向第三人称单数或者复数，使得交流中的人们清楚表达这些信息的必备的社会情境都在人们群体的生活以及经验中不断出现。语言的结构在这种情况下非常清楚地反映出的不是人类的本性，也不是在孤立状态下的个人，而是社会中的人。它反映出用社会标准的符号形式去清楚地表达关于讯息所指涉的讯息的发出和接收者的位置的周期性的社会需要。很清楚，在这种情况下正是和发出与接收讯息有关的人的构形，以及在这构形中他们的位置，塑造了语言的结构。如果语言、思想和知识它们本身的存在是独立于言说、思考和认知的人的话，这就不足以寻求语言、思想和知识的结构。在所有这些情况下，人们可以把语言、思想和知识结构特征与它们在群体的人类生活中和为了这种群体的人类生活的功能联系起来。

如果指涉的社会框架得以恢复的话，就会更易于看到，对这三个名词所孤立地指涉的三种功能来说，这样看待其中的每一个功能的倾向都是不真实的。如果人们没有用以表达的知识，语言会是什么样子？如果不是以语言的语音符号为手段从一个人传递到另一个人，那么知识和思想又将是什么？对事物之间的联系不加考虑的孤 89

立倾向，以及对事物关系不加细察的分割倾向，它们影响最大的东西或许是人的思维习性。几个世纪以来，通过诸如理性或心智等具体化的名词的方式使得人们把语言归因为人的思维习性和相关的大脑功能的语言惯用法，在学术界已造成很大混乱。它已经导致了大量特殊的神话，在这些神话中，理性这些词汇扮演着在老一些的神话中由上帝和神所扮演的角色。确实，德语中的词“Geist”（精神），或许与英语中的词“ghost”（幽灵）有关，这使得用同一个符号表示两种类型的神话成为可能。黑格尔的声誉基于他高度的想象力和他的以“精神”（Geist）的发展为中心的非常智慧的哲学。在英语中“意识”一词能够被宽泛地用作德语中“精神”一词的等价词。《牛津英语词典》提及它的一个用法是“相当于意识、思想、意志以及情感”并且引用了（约翰·斯图尔特·）密尔的一句话“心智是某种可以感知和思考的神秘之物。”⑤在学术圈中使用“心灵”一词已经落伍了。但人们为了避免它而使用的许多替代词，多少指的还是同样的东西，尽管在人的身体内指示一个非肉体的物质或东西从字面上看就是矛盾的。人们使用这些词来简单地指示人类有机体的特定功能。

于是，“思考”一词的功能之一就是指示人类用以检验其用符号在没有实际的行动的情况下参与将来一系列可能的行动的能力。对一门科学来说，企图掩盖无法掩盖的东西得到的只可能是混乱。总之，理性、心智以及“心灵”一词的其他替代词，指的都是人类

⑤ John Stuart Mill, *A System of Logic, Ratiocinative and Inductive*, 2 vols (London: John Parker, 1843), I, p. 1. ——编者

的一个相当高级的综合层次，尤其是指通过预见行动在一个相当长的阶段后的可能后果而指导人类的能力。[⑥]它们不是自身存在的实体，而是附属于器官的功能。把它们看成是实体固然方便，但是像 90
理性或心智这些相似的虚构符号的传统用法就可能成了临时的代用品。此时，人们最好还是说非事实性的事实、非实体性的物质。功能系列是多层次的，它从形象地被称为意识（它在一个人的目的和骤变的世界之间灵活地协调）的层次，下到一个更加自发的因而其冲动和对冲动的控制（弗洛伊德对此也使用了一个具体化的词——潜意识）也更不灵活的层次。

一个简短的例子将有助于说明，我们所谓的心智是在不止一个层次上的大脑功能的结构，这一结构常常被表示为思想。人抓住自己的思想并非易事，但是一旦人们抓住了，就会立刻发现在用公共语言的一步一步的思考的层次下面，有着缩简的思考形式。实验表明，在思想快速行进中，一些中间环节被略过了，并且当人们把缩简的推理转换为交流所需的一步一步的语言时，会遇到很多困难。检验语言符号的缩简的方式常常与通过图像的思考联系在一起。但后者在此必须是充分的。为了弄清语言符号不仅仅作为交流手段，同时还作为在知识和理性形式下的定向手段的用法，以及它们与前语言的冲动与幻想的复杂的发育不良的联系，还要做许多艰苦的工作。在这种情况下，人们能够使自己排除概念的障碍，即现在可能把理性、认知和通过语言进行的交流分离开来的障碍。更清楚地

---

⑥ 见 Elias, *The Civilizing Process*, rev. edn (Oxford: Blackwell, 2000 [*On the Process of Civilisation*, Collected Works, vol. 3]), 'Spread of the pressure for foresight and self-constraint', pp. 379–82。——编者

说，人类如果没有语言也就没有知识和理性。语言作为中介，保证人类可以与其社会成员交流和有效地行动，它对于能够通过作为定向手段的语言符号使用知识和推理的人类的全面发展是不可或缺的。它们都是由一个人向他人传达的人的功能。语言在使人们能够结成社会共同生活的特定方式下成为可能，反过来又使得这种特定的方式成为可能。

毫无疑问，语言将世界破成了碎片。例如，词典或许收集了一种语言的所有词汇，并将它们按字母顺序排列出来。但是，如果人们试图通过经典物理学方法测量每个孤立的词，那么他在语言
91 探索中的进展将会极为有限。只有当语音模式作为符号构成（比如句子）的一部分时，或它们的符号内容被语境明确下来时（如“喂！”“老天！”这种感叹），被社会性地建构为事件的符号的语音模式才能清楚地携带由发送人到接收人的信息。语言并不是某个说话人从中选择临时所需的具体语音符号，它还提供语音符号构成的模式。它提供一个单独的名称，一个为社会所及的每一个经验的单独的符号；同时它也提供它们相互关系的模式。根据精神动因或因果动因作出的解释便是明显的例证。因此，在某些范围内，某种既定的语言，尤其是母语，在个体的思维中先入为主了。但是，像这篇文章将要表明的，在一定限度内把自我从其语言之中的隐晦的概念中脱离出来并非不可能。当前有一种倾向，把知识、语言和思想作为独立因素，甚至作为单独存在的事物，不去思考它们之间的关系，这种倾向本身就可以作为一个例证。人们或许会说，传统语言在分析与综合的关系中，人们喜欢前者，这是一种不平衡的迹象。修正这种不平衡是符号理论的目的之一。在此详细地展示分析与综

合的复杂关系离题太远。[7]这个问题必须保持在例证的范围内，并且简明地表示所有这三种人类活动或产品都属于符号视野：通常在不带任何低层次行为的高级综合阶段上，知识主要指作为定向手段的符号的功能，语言主要指作为交往手段的符号的功能，思想主要作为探索手段的符号的功能。[8]

所有这三者都关涉对于习得并储存在记忆中的图像的处理。我曾指出这样一个事实，当记忆映像符号流动时人们不必逐项逐项地解释这些图像，但同样是这样的流动方式，在与别人进行深思熟虑的交流时人们就不得不对这些图像加以解释了。这些图像能够被缩 92
简。如果对符号的使用具有语言交流功能，必要的各种图像或许就被省略了（如果要衡量符号的反映能力的话）。记忆图像可以在不同的综合层次上加以运用。举个简单的例子，假如有陌生人问你去中心车站的最佳的路，而你对问路人的必经路线的所有地方也有非常清晰的图像，但是现在你必须以言语交谈的方式表达你的图像以便告诉这个陌生人，并在同时为他们选择一条最佳路线，因为他们很急，很容易错过了火车，于是你开始将这些图像语言化“朝我指的方向笔直向前，直到第三个拐角处向右手转，那里有一个中餐

---

⑦ 分析与综合的关系是埃利亚斯著作中不断出现的主题，最全面的论述参见如下论文：'Problems of involvement and detachment' (1956), in *Involvement and Detachment* (Dublin: UCD Press, 2007 [Collected Works, volume 8]), pp. 94–5; 'The sciences: towards a theory' (1974) and 'Scientific establishments' (1982), both in *Essays I: On the Sociology of Knowledge and the Sciences* (Dublin: UCD Press, 2009 [Collected Works, volume 15]), pp. 80–1 and 120–2 respectively; *An Essay on Time* (Dublin: UCD Press, 2007 [CollectedWorks, vol. 9]), pp. 142–3。——编者

⑧ 参考前述弗洛伊德的潜意识概念，见前第 90 页。——编者

馆，那条路叫作 Barbecuc 街，穿过马路直到走到一个大广场”。这时你发现自己忘了广场的名字，但是你对于陌生人去车站的路线图像却是相当清楚，这样你就给了他们简短的拐弯抹角的描述并送他们满怀希望地上了路。

因此，我这里提到的符号可以存储在记忆中并可以随时被唤起。它们或许是蛰伏的记忆图像，或许作为引导行动和情感的知识变得活跃起来，然后又重新蛰伏起来。但是这里所探讨的符号是一些特殊种类的记忆图像。它们可以与一种特定语言的语音模式联系起来。简言之，它们是可交流的。对于不与特定语言的语音模式相关联的私人类型的记忆图像在此并未涉及，或者仅仅附带地提及一下。有两种情况都具有想象的特征，但在一种情况中它们是私人的想象，而在另一种情况中它们是由不同的个人共享的公共的或社会的想象。这两种类型的记忆图像之间并没有不可跨越的界限。提及这种区别只是使得人们易于理解这一探究的界限和焦点。它还使人们易于理解这样一个事实，作为真实存在物之符号的语言的使用与作为非存在物之符号的语言的使用都是某种禀赋特征，正是这种禀赋将人类与所有其他物种区别开来。作为比较，以一种与现实高度相符的方式去使用社会符号通常会归为是理性的或合理的。它们表达想象的用法，仍然被严重地低估为人类的一个明显的特征。

93 想象的符号常常被看作是非思维的符号，它是非理性的。然而事实上，人类对不存在的事物、未发生的事件的想象力以及通过适当的符号交流它们的能力，最多也只在动物世界中有类似存在的迹象。它并不仅仅是艺术的源泉，如果一个物种的生存生物性地具备了以习得知识为方式的定向和交流，那么对于人的生存而言，它曾是并且现在仍然是必不可少的。如果没有建立和交流想象知识的能力，其社会成员早已迷失在他们很大程度上不了解也不能了解的世界中了。通过想象性知识，他们填平了与现实一致的知识的鸿沟。他们从来不缺乏与现实相一致的知识。尽管他们在其相对狭小的生活圈子内的具体知识是丰富的，但是，他们却不可避免地缺乏那些影响其生活的广泛联系的知识，经过数千年的发展，才达到目前这个还相当不充分的阶段。这个阶段只是社会发展中的一条支流，物种的生物进化使得社会发展成为可能或成为必需，而物种天生的定位手段已弱化或软化，为了定向和交流，物种已经变得依赖于大量缓慢增长的在社会上传递的符号。他们不可能知道是什么引起了附近火山的硫黄中的火。知道山中有喷火龙以及魔鬼的锻冶场设在那里使得他们采取适当的行动以平息这一精灵。认识到他们没有也不可能获得关于火山本质的与现实相一致的知识，就等于承认他们自己没有能力影响事件的过程。神话支配他们的行动。

记忆图像能够在瞬间展示一个事件与其他事件在时空关系中的位置。它们具有综合的特征。在一个除了自己还有他人存在的世界上，很难想象一个人能够把语言功能（或更具体地说，它作为交流工具的功能）从知识的其他功能中分离出来。就人们认识所及，从与现实高度符合的符号或记忆图像到有着高度想象性内容的符号的连续体中，不存在一个绝对的结构性断裂。对于一些符号的内在性问题，我将留待将来的探索。有一些证据表明，有着巨大圆顶的建筑比陡峭的尖形塔更能唤起人类的不同情感，因为前者是女性乳房的象征，而后者却是男根符号。这并非难以置信，但没有充分的证据使这一观点令人信服。它需要进一步的细察。我要得出的观点 94

是，如果人们把生物发生性符号与社会发生性符号对立起来看待的话，即使人们发现了许多符号的生物发生学特征，也不可能使这种发现实现充分的概念化。如果人们将某一特定语言的系列符号概念化为流动条件下的连续体，它将会更充分地展现人的存在。在它的其他一些部分更明确地需要通过学习获得的同时，还有些部分不管能否生物性地固定下来，都能依据经验的有无而发生改变，并具有社会进化的起源。通过学习获得语音模式和符号模式并不限定在个体。人们也能够作为群体来学习和遗忘。人类的祖先一旦达到了以知识途径定位为主导的定位方式的阶段，他们几乎不能忍受更充分地认识他们不知的东西，即他们的未知领域。[⑨]这样的事情，我们也不能做到。

在较小的范围内，人类祖先的与现实相符合的知识与我们的相比较在许多情况下都更加具体。但是早期社会知道更多细节的那个范围，过去是而且现在在任何给定的情况下仍然是相对狭窄的。如果他们没有知识——想象的知识——就不能为自己定位，魔法和神话尽管常常误导他们，但同时对他们而言却具有很高的生存价值。以太阳为例，只有到20世纪，人类才达到这样一个科学发展阶段，使得科学家们能为太阳提供一个合理的现实的理论图景。他们能够制造出诸如太阳这类星体的演化模式，表明它们是如何产生，它们

---

⑨ 关于未知状态对人类群体重要性的更多论述，见 *Involvement and Detach-ment*, pp. 21, 34, 36, 117–18; 'Technisation and civilisation', in *Essays II: On Civilising Processes, State Formation and National Identity* (Dublin: UCD Press, 2008 [Collected Works, volume 15]), pp. 58, 64; and 'The retreat of sociologists into the present', in *Essays III: On Sociology and the Humanities* (Dublin: UCD Press, 2009 [Collected Works, vol. 16]), pp. 118–19。——编者

为什么能够发展以及它们如何衰亡和解体。这或许并不是这一类型的星体演化的盖棺定论，但是以这种模型为形式，语音模式“太阳”显然已经与现实高度相符。在物理科学还没有产生关于自然物质或 95
能量的非常充分的理论之前，这种层次是不可能达到的。然而，我们的人类祖先，看到太阳东升西落日复一日延续了数千年，却没有恰当的方法知道这是怎么一回事。

很可能，动物为自己定位主要是依靠物种特有的讯号（像我们所说的，即本能）的帮助，而不会问诸如“什么是太阳？”“天空中升起的是什么？”这样的问题。然而人类却被自然赋予了认知的需求。太阳是他们的日常生活中的一部分。它是可能的可交流的物体。人类社会对太阳通常都有一个群体所特有的语音符号。在知识进展的较早阶段，这一符号主要象征了那一群体有关太阳的愿望和恐惧。它使得社会群体成员可能根据一个共同的关于太阳活动的规律性与非规律性的知识背景对太阳的活动进行彼此交流。最重要的，它界定了在世界上的存在物中太阳的地位和权力，并且因此有助于引导和组织人们关于太阳同时也关于他们彼此的行为。如果没有这类知识（常常表现为预兆性的暗示），人类将是无助的；他们将不知道在太阳出来的时候做什么和不做什么。人类整体上慢慢学会给语音模式“太阳”或其他语言中的同义词以一个更加现实、更加科学的特性。

在一个知识如水一样容易获得和相对便宜的社会里，人们或许难以充分认识到人类的生存对于知识的依赖限度。对于知识的可理解性的探索专注于知识中的对错问题，专注于其认知价值。相对而言，知识的生存功能却很少受到关注。然而，人天生就是以某种方式构成的，即如果没有通过学习获取全面的社会知识，他们就不能为自己在世界中定位，也不能在其他存在物中维持生存。现在人们或许并没有足够重视，认知的需要是人的遗传本性的一个方面。人类产生想象以回答自己提出的问题的能力，其价值并不低于发现所谓的真理的能力。

96 他们可能拥有的与现实相符合的知识，将这些前语言的整合的记忆图像与诸如白日梦或夜晚的梦这样的想象图像区别开来，这些梦看起来是冲动控制的表征，而不是定位的表征和对我们居住的世界的控制的表征。想象的特征之一在于，它们能与人只有在睡眠之中才有的经验相联系。事实上，想象是理性的孪生兄弟。两者显然都是同源的人类支流。其根源在于人类形成语音模式的能力，这种模式对于同一语言社会的所有成员而言能在符号上代表交流中的同一客体。通过相互间传递与接受这种社会标准化的语音模式，同一语言社会的成员能够在彼此间甚或能够在世代间传递大量并不必然表达其个人行动的信息。如果是一种与现实相符合的知识，我们则将其称为理性的。如果想象超出了与现实的一致，我们可以称之为非理性的，看作是一种愿望的和恐惧的符号或者诸如此类的东西。这两者都可以作为人类天赋自由的证据，这自由使得人们对他们知识所及范围内的任何事情都能形成记忆的图像，并且用特定的语音模式来牢牢地固定它。就今天的知识来看，这种自由实质上是无限的。

然而，每一种个人语言以及拥有这种语言的社会，在某个特定阶段上，都限定了个体成员彼此间交流的、记忆中储存的以及其他相关的东西。这样一来，像理性与非理性这样的术语就不能如通常所理解的那样是二元对立的了。通向与现实相符合的知识之路要经过一整套以想象为主要特征的虚构性假定。想象可能是其间的里程碑。细察证据表明，理性和非理性、与现实相符合的认识符号和具有幻想内容的符号之间有着许多融合的环节。一个简单的两极模式对于交流来说是不够的。

进而言之，在一系列试验性想象中发现与现实相符合的知识，在这个过程中发现它，有助于澄清作为一个过程的符号与现实相符的本质。这表明，我们企图用来把握符号与现实相符问题的二分法过于简单化了；对一个有着多重色彩和层次的接近于天才的发现来说，这种二分法并不公正。局限于正确与错误、真理与谬误及其他诸如此类的二元对立枯竭了我们的想象力。让我们一方面把想象性 97
的和创新性的观点作为基本出发点，另一方面则从现实验证出发，两者是相互依存的。

人们偶尔会听到这种建议：任何一个想象的观点，任何一个幻想都可作为天才理论的出发点，但是这是一种误导。只有通过对想象的现实检验才能表明人们是否找到了有希望的路径。新的符号指代很少在一开始就是完全适合，完全和现实一致的。它可能被现实检验彻底否认，这时候最好完全放弃这条路径。但是它也可能在检验中被部分承认和部分拒斥。我们对想象和与现实相符的符号指代之间的融合并非总是有确定的概念。然而这一类不完全的指代却可能会在任何一篇科学文献中频繁地出现。遇到这种情况怎么办呢？其中的缺点可能很具破坏性，只好放弃这一路径，也可能其缺点足够小，我们能够克服之。或许会有后继者会改进我曾提出的符号网络（symbol web）。但也许，我们应该极其慎重地寻找介于想象和与现实相符的知识之间的中间站的符号决定因素。

以符号理论本身为例。[10]我本人的观点认为，与诸如抽象和归纳这些传统的指代方法相比，它已经取得了很大进展。进一步说，它有助于把关于诸如语言、知识与思想这样一些我们常常作为分离的甚至独立的人类存在领域的理论统一起来。但是，我们由此提出了一些需要更深入研讨的问题，这些问题过去曾被模糊地和边缘性地提了出来，并且人们至今尚不能明确地把握它们，比如言说与思想的关系问题。我曾通过我们称之为思考的运动之中的符号使用提及了口语或书面语，此时我提出了这个问题，但是在对我们称之为言说的符号进行操作和对思想运动中的符号进行操作之间的关系被完全澄清之前，还有大量工作要做。

进而言之，在诸如“与现实相符”这样的习惯用法中的“现实”一词所反映出的问题，如果不从一种过程社会学视角看待，这些问
98 题就仍旧得不到揭示或者被歪曲。[11]与现实相符的知识的发展，尤其是在与自然科学形式下的想象知识相对照时所体现出的优越性，其本身就是特定历史阶段上人们认知现实的共同决定因素。因此，比如说，牛顿的现实就比爱因斯坦的现实更有局限性，因为牛顿所处时代的与现实相符的知识的社会积累比爱因斯坦所处时代的更为有限。人们也许会说，关于牛顿那个时代就知道了的物理宇宙，牛顿定律仍然是与现实相符的，因此也仍然具有认知价值。只是在较晚的历史阶段上，特别是在爱因斯坦所处的时代来看待关于与现实

---

⑩　即是说，埃利亚斯自己的理论，本书中作了详细论述。——编者

⑪　见前第31页注释31。——编者

相符的知识时，牛顿理论的认识上的局限性才显现出来。如同我曾经指出过的，产生想象知识的能力与产生与现实相符的知识（亦即理性知识和思想）的能力一样，都是同样基本、同样明显的人类禀赋。在人们关于人类的理论模式中，未能为想象留出空间，这是导致人们不能将文化理论以及宗教理论与关于人类其他方面的理论及人类形形色色的现象联系起来的因素之一。

歌剧或者博物馆的绘画展览、诗歌朗诵会或者交响音乐会，无论采取何种形式，它们以及其他文化现象都是人们公开展现的团体想象形式。人生活在群体中。每个人独自展现私人的想象，可能不仅对他人，就是对自身也是危险的。但是，把想象展现出来却是人的一个相当基本和迫切的需要。游戏或者其他文化活动的普遍存在及其带给演员与观众们的快感与兴奋就是一个很好的例证。[12] 顺便提一句，这些活动有助于激活思想；通过与理性知识对比，它也显示出人们对想象知识的忽视。但是在这种情境下，文化的社会功能构成了一种副产物，在别处可以更完全地得到它。

如果把这些功能和对个人所处的社会的和自然的世界的控制密切地联系起来，语言和思想的亲缘关系就会最直接地显示出来。这时候人们的思考形式，常常被作为典型的思考形式。其中，人们常常见到对代表可能的行动过程的语音模式的试验性控制，期望它 99
们能够在现实中实现，以便从中发现在几个可能的行动过程中，哪个最有可能达到预期的目标。同时，在其他层面上，由这一系列控

---

⑫　见 Norbert Elias and Eric Dunning, *Quest for Excitement: Sport and Leisure in the Civilizing Processes* (Dublin: UCD Press, 2008 [Collected Works, vol. 7])。——编者

制功能所形成的结构也许与白日梦和前语言意象更加类似。在控制直接指向其他存在物的这一层面，思想无疑不能看作是不发声就产生的语音符号流。在这一层面，它极易转化为口头语言，并且口头语言也极易转化为无声的思想语言，尽管在此形式下它常常具有速记的特点。它可以是简缩了的听得见的语言运用，但是，不管是普通书写还是速记，听得见的还是听不见的，语言与思想都是不能分离的。如果没有掌握一种语言，换言之，如果没有学会使用语音符号与他人交流，一个人不可能进行思考，而正是这种思考使得人类得以掌握那些从人类相互共存、人类和非人类生物共存中提出的问题。

如果人们放弃将那种在发达社会起着巨大作用的、高度个人化的思维模式当作人的天赋，并且记住在人类社会的初期阶段，在语言交流帮助下的社会群体思维常常起着更大作用，那么要跟上这一思路并不难。把语言和思维看作发生在同一个人的不同方面的活动，因而也把二者看作彼此独立的倾向，现在看来确实是错误的。这个倾向被长期以来一直坚持的一个传统强化了，该传统认为思想和语言相比更是人类本性的一部分，并且因此把思维看作是非习得的，而且在事实上这一传统把思维能力视作人类最高级的区别性特征，并进而将其作为识别人类的核心。由于人们使用语言的能力更明显地来自后天学习，因而它在暗含的价值尺度中位次较低，这个价值尺度给了被视为人类本性的东西以至高无上的地位，并且是不变的和永恒的。自然的成长过程和社会的学习过程交织在一起，这在人类用语言方式进行互相交流的能力的发展中起着中心作用，这一点更加难于理解。根据不变的永恒性比变化过程中的具体事物更具优越性的原则，它也更加难以适应传统的价值尺度。被看作人性的一部分并因此是非习得的理性与心智，显然属于前者并根据此而排位；然而语言由于必须通过学习而获得，并且是处于变化中的， 100
所以根据同一个价值尺度而言，它的价值次序很低。在一个价值尺度下，把事物区分为高低不同的次序，这被普遍视为不言自明的东西，而这是理解思想和语言间实际联系的主要障碍之一。

令人感到奇怪的是，在人们把所谓的理性和意识能力看作人性的一部分的同时，又常常将其看作是人之非本性的中心部分。如果人们试图将某种理论价值框架夹带进自己的论点，那么他就会遇到一种经常会出现的困惑。对于传统的称作逻辑规律的东西亦可作如是观。[13]形式逻辑科学是不会出错的，它是科学探索中的准数学形式，其认识功能和价值毋庸置疑。传统的逻辑规律，即使不被看作是自然规律的一部分的话，也常常被看作堪与自然规律相媲美。它们同样被当作人类心智的不变特征的证据，以证明这样一个事实：不管语言和知识的状况如何改变，心智都是一种普遍的人类活动。尽管逻辑规律的重言式命题几乎没有什么认识价值，但是它们却印证了这样一个假定，即在人身上，很可能在人的大脑中，潜藏着一种神秘的力量，它能够独立于人们习得的一切事物以及因此独立于

---

⑬ 对逻辑规律的普遍性和地位的怀疑论，是埃利亚斯在关于知识社会学写作中不断出现的主题，尤其见他的文章：'The sociology of knowledge: new perspectives', 'Scientific establishments' and 'On the creed of a nominalist: observations on Popper's *The Logic of Scientific Discovery*, in *Essays I: On the Sociology of Knowledge and the Sciences* (Dublin: UCD Press, 2008 [Collected Works, vol. 14]), pp. 1–41, 107–60, and 161–90 respectively; and Richard Kilminster, *Norbert Elias: Post-philosophical Sociology* (London: Routledge 2007), 23, 161 n. 10)。——编者

语言和知识，按其自身的规律发挥功能。

在这种背景下，必然充分简要地指出是什么阻碍着对于语言与所谓心智、言说与思维之间关系的更好理解。其中的最大障碍显然
101 是诸如理性、心智这些概念，这些概念使得思维看起来并不像言说那样由人来完成，而是由人内部的一种特殊力量完成的，这种技能独立于人类的所有其他功能，只遵循它自己的规律。如此一来，如果没有它的干预，将没有人能够知道世界的真相是什么，而且，这似乎构成了人类本性的一部分，但是它又不像本性的其他表象一样，它是既看不见又摸不着的。人们必须清楚这样一点，对人的心智或者此类的其他力量的指涉是哲学的假托，思维与言语和认知一样，并不是居于大脑中的高度独立的东西，而是许多相互依存的大脑功能中的一种。但这一点常常并没有清楚地表明。

比如，在“人的心智”、“人的理性”这样一些惯用的语言习语中，人们往往得到这样一个印象，似乎所有使用这些词的人都能很清楚地知道它们反映的是什么，然而，事实上情况往往并非如此（也许有人敢于说常常不是如此）。人们在此遇到的是一种奇怪的心理惯性。习惯把我们引入一个小小的社会游戏中，并用一个默认了的共同约定掩盖了其本来面目。让我们所有的人都来假定，人类的心智和理性并不比人的胃更难于接受科学的审视，然后看接下来会发生什么。事实肯定是，这个困扰我们的悬而未决的问题，只要我们意识到它是悬而未决的问题，就会不再困扰我们了。它被完全地掩盖起来。我们可能仅仅通过假定它已被解决就将其忘记。像理性、心智等表述都被设计来掩盖了我们小小的伪装。像其共同的祖先“心灵”概念一样，它们都假装人类在本性上就拥有了特定的器

官和禀赋，这些器官和禀赋具有生物器官、实体或力量的所有象征特征，但是它却又是非实体的。尽管从未有人见过或者检验到过这种非实体的实体性，然而许多人愿意承认对这种不可触及的器官之本性的肯定陈述。只要人们发现在心中仍然在公开讨论这一问题，那么不管人们是以“心灵”名义还是以“心智”、“理性”名义讨论它，它的存在地位和它与人类存在的其他肉体方面的关系就不会不成为问题。即使人们大多中止了对这一问题的讨论，这一问题也仍然是问题。如果把实际上不存在的东西当作存在的东西对待，学者也不会关上通向问题研究的大门的话（在我们发现自己的阶段上，这还需要进一步的细察），那么，通过把实际上不存在的东西当作存在的东西对待，学者也丝毫不会损害他们的智力游戏。[14]语言与思想之间的关系问题就是这种类型的问题。 102

我正在做的，仅仅是开启这个牢牢锁闭多年的大门。在此背景下，我之所以这样做，是因为语言和思维这两者对我而言，似乎都是运用语音模式的方法。这一基本的相似性，或许是同一性，我相信是语言转化为思想和思想转化为语言之可能性的根基。与思想相联系因而也与心智相联系的传统的人的形象是孤立的个体的人的形象。正如有人已注意到的，我已不再遵循这一传统。在人类言辞形式下的交流、通过语言手段进行的交流或者换言之用社会标准化的语音模式进行的交流，预先假定为一个在群体中生活的普通形式。我们称之为思想的亦如此。在人类社会发展的初期阶段寻找进入思

---

⑭　换句话说，问题可以被否定，但它不会消失，它会潜在地阻碍人类对面临困难的理解。——编者

想与语言关系问题的入口或许是有用的，因为在这个阶段，人们的思想还不具备一个专门群体的特征；在这个阶段人们的所思与所行是同一的，换言之，人们在做的同时也就是在践履自己的思想。

要探寻思维与语言的关系问题，人们如果以狩猎队而不是学者的研究为出发点，或许会做得更好。负责探寻猎物动向的小组向负责狩猎的大队人马，事实上也就是所有的成年男子，通报了猎物情况：有一群野牛正在距西边河流大约一天路程的地方向河流行进。但是还有其他可能的途径可以为这些人提供肉食。并不仅仅是选择食物决定最后的结果。极有可能，参与狩猎使得一个人参与和我们所谓的思维活动密切相关的那些准备活动，参与制定准备活动的计划。但是，同样是在这个例子中，被我们称为思维的群体的生存运作的方方面面，比决定我们使用思维这一术语的思维运作的标准化
103 的形象有着更强的人际特征。同样是在这个例子中，人类能够使用关于未来情况的符号，并且能符号性地揭示出它们对于人类自身目的适用性，这已经远远超出了动物层面，以至人们共同生存以及对非人类的自然加以把握的整个全新形式就出自这一层面。狩野牛者能够在具体实施狩猎计划的数周或数年之前制订出这个详尽精确的计划。这个例子将有助于更好地理解，为什么我们在此要把符号解放（即把人类从此时此地刺激的统治性束缚中解放出来）看作人类在走向地球上主导动物物种地位的道路上迈出的主要的也肯定是决定性的一步。

由于对这类问题感兴趣的人大都居于高度分化、高度个人化的社会，他们认为在这种社会中普遍的高度个人化的思维方式在世界各处也是普遍的因而是所有人类的自然的思维方式。也许该

是承认这种想法是错误的时候了。思想和言说都依赖于社会标准化的语音符号。两者都是社会活动。认为思维缘于一种不可见的自发力量（比如存在于每个人头脑中的理性或心智）这种梦魇般的概念是居于此类社会中的人的自我意象的特征。这种自发力量的内在结构阻止人类去认识他们所看到的到底是真实的事物还是只是那种事物在他们头脑中的自发结构的映像。以上这种想法是高度个性化的个人的可怕想象。别的不谈，人类上升到地球上生物的主导地位就驳斥了这样一种假设——他们在世界中自我定位的自然配备物存在致命的缺陷。人类在长期的生存斗争中获得的成功充分显示了他们天生就具有现实地定位自己的特别有效的器官。目前尚未了解到这些器官对其现实感有任何结构上的阻碍。为了防止误解，也许应该增加显而易见的一点：人类自身的文明既是一个正在进行的过程，也是一个可能的行动目标。现在和过去的经验都不能证明这种设想——人类的人道化是不可能的任务；但也没有任何充足的理由来设想人道化比野蛮化更具可能性。这既不是更可能，也不是更不可能。了解到更多关于文明化以及野蛮化 104
过程[15]的实际知识以及它们彼此相互作用的条件，是一件有用而且确实必需的工作。

---

⑮ 关于这一主题，参见 Jonathan Fletcher, *Violence and Civilization: An Introduction to the Work of Norbert Elias* (Cambridge, Polity Press, 1997), chs 4, 6, 7 and 8; Stephen Mennell, 'Decivilising processes: theoretical significance and some lines for research', *International Sociology* 5: 2 (1990), pp. 205–23; and Elias's own essay 'The breakdown of civilisation', in *The Germans* (Cambridge: Polity, 1996 [*Studies on the Germans*, Collected Works, vol. 11]), pp. 209–402。——编者

第六章　作为自然某一层次的人类社会：超越唯心主义和唯物主义

105 大致说来，语言、思维和知识是同一综合层次的概念。看看这些词的通行用法，也许会得出这样的结论：它们指不同的并且独自存在的事物，就像当一个人说到鱼、昆虫和哺乳动物时他是指不同种的动物一样。然而实际并不是这么回事。研究的传统有可能造成以下情况，即不同的专家们可能各自只从事这三项研究之中的一项。有些知识理论对语言注意不够，也有一些语言理论对知识谈之甚少。尽管借助以语音模式为形式的交流而获得的知识与不靠语言交流而获的知识的比率在不同社会和不同知识分支中也许有所不同，然而语言无疑是一个人知识的一部分，而一个人要学到大量知识必须靠语言。

主流的知识理论和传统的认识论的怪癖之一是它们大都很少谈及人际之间的知识传递，也几乎没有谁谈到能使人际因而也是代际之间的知识传递成为可能的知识的结构特征。语言交流在这种传递中起主要作用。口传的与非口传的知识的比率可能不尽相同，但完全是非文字的知识传递相对来说很少见。传统的知识理论相对较少注意到在人际知识传递中语言起的主要的、在某些方面甚至是决定性的作用，这并非偶然。这归因于这些理论背后的人类图像以及与这一图像相符合的，在理论上看似相关和不相关的问题。这些理论实质上涉及的是完全独立和孤立的个人。一个被这样想象的人被看作是知识的主体。因而，如果通过语言进行的人际交流被注意的话，那它在这些理论中起的作用至多也很小。 106

同样，在这些理论中被认为恰当的知识几乎只是科学知识，而且多半只是物理学家的知识。这一论点似乎是说只有他们才能产生有效的或“真实”的知识。作为知识和堪称典范科学的物理学的主体留给世人的基本图像是孤立的个体，这一图像造成了一个有局限的、奇特的透视点，人们通过这个透视点判断这些理论中的哪些知识是和这一观点相关的，哪些知识是不相关的。伟大的科学家个人处在了这一阶段的中心。但如果充分考虑到知识的传递和增长，那就该注意到一大批杰出的个人。从牛顿到爱因斯坦，科学是如何发展的，这是一个典型问题。一般说来，前科学知识总是受到忽视，即使它显而易见是正确或真实的，例如远古时代的石器匠人和金属匠人的知识或史前时期农业种植者的知识。

换句话说，这些理论大部分都把相关的知识领域看作是以自我为中心的，其理论参照框架不是人类。它们提出的问题不是人类如何普遍地获得知识。这些理论的典型问题是一个科学家如何独立于他（她）可能从别人那里获得的任何知识而独自地获取关于自然的知识。在这种个人为中心的框架下，语言和知识之间的关系与人类人际交流方式和人类定位方式之间的关系几乎没有关联就可以被理解了。于是就产生了人类知识的区别性特征的问题。说得更广些，自从笛卡尔成为这一领域的权威，知识理论就成为涵盖整个人类知识领域的普遍理论，然而它们实际上仅仅涉及一类被狭窄地挑选出来的知识。人们依据某种人类图像来看待这一有限的领域，而这一图像使得人看起来是脱离社会的个体[①]类型，是只能说“我”不能说“我们”或“你们”的人。这类诡计使得知识理论、语言理论和思维
107 理论各自分隔开来。因而，他们通常闭口不谈知识的实体地位，不谈知识究竟是什么这一问题。如今人们对这一问题也许会期待一种极度两极分化的答案，这种答案使用如下的词汇，比如自然或社会，唯物主义或唯心主义。然而，仔细地观察语言的本质已经发现，在某些方面，不能以这种方式在概念上划分和极化人类。语言作为自然与社会（或文化）之间的一条纽带[②]被忽视了。可以说，人类天生是为社会或文化而造的。与语言交流紧密联系的知识便是另一个例证。

传统上，关于知识的种种理论形成的时候，既没有顾及以语言和大脑记忆图像的语音模式为形式的知识的物理方面，也没有虑及社会标准化的语音模式（它使得语言作为交流的特定对象的符号或概念而起作用）为形式的物理方面。以上所说的关于语言的问题可以使人们更易于了解，知识同样不能适用于这样的传统两极划分。许多概念，如大脑的记忆图像，在参照物质和观念、唯物主义和唯心主义的时候，是被歪曲的。同样，在社会中被标准化为符号的语音模式，其概念在说同种语言的人看来也是如此，因而它能作为一

① 见前第 35 页注释 3。——编者

② 从对达尔文进化论的流行理解中衍生出的一句有名的英语短语。它指的是在猿和人之间过渡性动物的化石证据的缺口。这是由查尔斯·莱伊尔（Charles Lyell）在他的《地质学原理》（*Elements of Geology*, London: John Murray, 1838）中杜撰的。这一公共表达跟埃利亚斯在第一章和第六章关于人类从前人类的祖先向人类的进化过程中“中间者的消失”的更加技术性的讨论相关。——编者

个人的说和他人的听之间的信息传递者。毫无疑问，说同种语言的人可以用其语言表达迥然不同的观点。但是对于这种不同之处的认识，无论是意识形态上的或是其他的，不能使我们意识不到讲这同一种语言的人之间的共同点。一个人可以不同意因果关系的本质和普遍性，但必须在因果关系是和自然科学的崛起相联系的意义上认同因果关系这个概念。实际上，和语言一样，知识也是在自然和社会过程的互相渗透中才成为可能的。很难想象没有语言交流参与的知识传递，而如果没有从一代人到另一代人的知识传递，婴儿就不 108
能成长为完全的人。事实上，学说话，也就是学一门语言，本身就是获取知识的一种形式。

针对所有这些，尚未有人建立起另一种诸如物质和精神或自然和文化那样的实在的分野。人类社会是某种层次上的自然。天文学家、生物学家和其他学科的科学家正确地推测并论证了这样一些假说：使人类社会从太阳系中进化出来这一令人惊异的事件发生，需要何种环境上的巧合。但我们仍然缺少充分表明这一事件之唯一性的概念。总的来说，人们仍易于忽视地球的天文变化和地球上生活的生物物种的变迁。[③] 在某些方面，人类社会和其他动物群落有着明显的不同。我已经提到过人类多变性和动物交流刻板性之间的明显差异。人类知识的发展潜势属于这一范畴。向下一代传递新知识的可能性也是如此。人的声音器官所产生的声音组合的无限多变性使得形成新概念成为可能。

③　这里是说，这类科学知识对于理解人类社会是某一层次自然以及令人吃惊的进化突破都是必不可少的。——编者

正如我所指出的，对于非人类社会而言，社会变化与基因变化、生物变化密切相关。即使没有基因变化，人类社会也能发生非常急剧的变化。人类的具体方面和具体现象也是如此。以语言为例，人们常常谈到动物语言。但实际其他动物种类都没有通过习得的语言进行的交流所必需的生物手段，习得的语言不是物种特有而是社会所特有的。然而尽管人类在某些方面明显地区别于其他动物，但他们也具有许多动物特征：他们像动物一样进食、消化和繁衍后代。

但是，如果人类和其他动物的区别仅仅被看作物种区别，那么这些区别就不会被充分理解。人和猿的区别在某些方面是不同物种间的区别，但在其他方面的区别要大得多。它们在性质和量上的
109 区别也许接近于不同目生物间的区别。通过习得的符号进行交流的能力就是一个例子。猿几乎完全没有这种能力。我们不能解决人类和动物的实质地位关系问题的原因之一是目前用于这一研究的概念很不充分。人们在这一领域里频频使用“人类的唯一性是由于其拥有动物所缺乏的一种看不见也摸不着的器官或物质”这一表述无疑也是由于某种智力的惰性造成的。这些概念很容易应付，几乎使用它们的每个人在使用时都有某种心照不宣的心理保留。在人类科学中运用的概念，其基础看上去非常坚实和稳固。然而如今，其巨大的地下建筑几乎经不起严格的检查。那里面有太多被认为是理所当然的东西。如果这些基础曾经是协调一致的，那么现在则很难如此了。

人们也许最终能够缩短知识的差距，可以更加接近一种能认识我们的前人类祖先是如何、为什么、何时何地转化成人类并开始人

类自我文明的进程的参照框架。运气好的话，人们可能会发现这一伟大进程发生的时间。但目前对这一切都知之甚少，以致连猜测都是徒劳。

即使是从这样一个简短、初步的概述也可以相当清楚地看出，在这些问题的基础上已经出现了变化的新方向——这些问题有可能使我们的工作更有希望，更富成效，而与一直在走下坡路的墨守成规的传统在过去的强烈影响所造成的后果不同。很显然，这很需要重新规划和重新思考。如果是这样，一种基本的变化方式就会开始出现。各种问题就会不断指向长时期的相互联结的过程。直到现在，人类主导的交流方式和定位方式的唯一性尚未被探寻，这一事实可看作对我们的警告信号。

不难认识到人类在生理上具有两种不同类型的交流；物种特有的前语言信号（如笑声）和群体特有的语言。如此一来具有两种技能的群体能够以更多的数量生存，这样便赢得了优势。当环境又稳定下来后，生理上具有两种技能（在语言交流上只不过是古代的类型）的群体就成为进一步发展的典型群体。但从前的交流技巧的具 110
体形式并没有完全消失；其中一些嵌入了现在人的原型中并不断加以调整。

人类仍然具有一种自动的构造，使得他们如果疼痛就会大叫，这样就把其痛苦的讯息传达给了同伴。如果婴儿看到或梦见妈妈，就会不由自主地微笑，这也是早期类型的延续。还有其他一些例子，它们反映出许多问题。在新的发展阶段这种自动作用是如何被选择从原型中保留或是消失？一种新型的神经联络所需的神经通路是如何建立的？进一步说，可能在许多情况中，群体的遗传反应程序中一种新的反应通路的整合很可能接近或超过了用于考察这一整合的研究语言的复杂程度。

一个简单的例子有助于说明这一点。如果一种新的反应模式融入或脱离一群哺乳动物的新的典型程序，我们也许会倾向于以概念二元论、综合或排斥等形式使这种变革模式概念化。也许不只有两种，而有六种，甚至二十种选择。以微笑为例，习惯于语言交流的人可能不会立即意识到微笑也是一种形式的交流。是的，事实就是这样。在这种情况里，不是发声器官，而是脸成为人与人之间的信息传递者。一个人脸上的微笑首先是一个信号，显示微笑者对他所面对的人的温馨友好的感情。人们也许能想到在唯一存活下来的人科动物中，成年祖先的微笑形式绝没有如今的富于变化。像许多其他更动物化的交流一样，微笑仍是遗传决定的，并和此时此地环境密切相连。然而，在人类的成人中，微笑生动地显示了，通过与观察证据相比较，在后天习得的和先天的行为形式中，传统的概念二分是多么不充分。

人们也许会猜测说，微笑在较早时期是一种主要受前大脑皮层控制的古老的生物和社会遗传信号，但在向进一步的大脑控制的变化过程中，它就在某种程度上处于大脑皮层的控制之下。婴儿的微笑仍主要是自发的、自动的行为，它依赖于整个机体的状况，而且
111 明显不受大脑皮层的控制。在商店里欢迎你的售货员微笑完全是假装的；以全世界都有的这种微笑为形式的脸部肌肉的不断摹制已被看作固有的善意友好的标志；而对店员来说，它是被精细地制造出来的脱离其真实感情的虚假产物。在婴儿毫无做作的自发微笑和人们在其感情之外精心制造出来的假意微笑之间，可以发现许许多多

中间形式。当大人们看到一个小孩的滑稽动作，就会情不自禁地想笑。但如果他们发现不合时宜时，就会抑制内心里泛起的微笑。不同国家的人在不同场合会根据各国不同的行动准则对微笑作出反应。这些变化似乎表明了大脑皮层和前脑皮层对微笑行动施以控制的不同方式的混合。总的来说，更进一步地观察人类行动的这一特殊形式有助于更好地了解以下事实，人类所有的行动方式都能在人类有机体的地图上找到位置，换言之，能定位于时间和空间中。不只是前语言交流，语言交流、思想和知识的交流也是如此。它们都定位于时间和空间中。

这一例子可以提醒我们，我们对这些问题的研究尚处于初期阶段。在人的科学里研究生物进化问题很容易落入已牢固建立但有点陈腐的科学学说的窠臼。极端化形式的进化论确实是过于简单化。一些人似乎认为进化过程以一种自动的必然方式前进。他们假想进化过程必然会导致从现在的人类物种中产生一种超人类物种。相对来说，人们却很少注意到人类在其他物种中上升到统治地位，这极大地影响了它们之间的生存斗争。实际上，一些物种生存下来，而一些则由于人类行动而灭绝。人类在动植物能生存的宇宙领域内上升到至高无上的地位，这使得进化论需要一定的修正，但这却没有得到应有的重视。进化论绝不是过时了，而是在目前条件下尚处于其使命的初级阶段。

其他许多在创建长时段过程和高度集合的理论模式上所作的 112
努力也是如此。黑格尔在欧洲思想观念发展上的综合以及孔德在知识发展上的阶段序列模式都是典型例证。假以时日，人们会更清楚地看到在长时期的知识发展的综合上的这些努力可以说是进行得过早了。它们进行的时候，用于建立人类知识的长期过程的整体模式的经验论据和概念准备对这一任务来说还相当不充分。在这些综合的早期模式中充满了富有灵感的臆测。几个世纪以来，这两个人的努力经常作为令人警醒的例证提醒人们，在知识领域里，在任何关于长期过程的综合上所作的努力都注定要失败。

这种经验是具有建设性的。离开知识长期发展的动力学，人们增强了把知识看作是自然科学的静态客体的趋势，因而我们的整体图景的基础看上去就像毫无联系的零碎观点的混合体。这儿存在着自然、文化、知识（科学的或非科学的），还有政治学、经济学和包罗一切的语言符号；然而至于它们如何相互一致却是一个无人问津和从未被回答过的问题。然而，毫无疑问这些互不相连的符号的混杂出现是不可避免的。事实上，这些符号所指示的过程是互相联系、并且常常是深深地交织在一起的。自然和文化就是一个有力的例证。目前，这两个概念在似乎专指人类生存的世界上的两个完全独立的部分的意义上形成了。它们多半被用作指示两个极端和生活中两个对立的领域。同样，知识经常被当作似乎是以一种无形的存在方式存在的东西加以讨论。在这种情况下，人类的生物组织和其知识往往在符号上被展现为对立的。然而正是人类的有机结构使知识成为可能，正如它使语言交流和一代一代的知识传递成为可能一样。

与猿和大象一样，人类能通过个人经验获得大量知识。然而无
113 需运用文字只是全凭个人经验获得的知识的范围是相当狭隘的。实际上，掌握一门语言，能使个人进入社会的知识库，而这个知识库仅在容量上便是单靠非语言的个人经验而得到的知识的无数倍。语

言库包含许多不同的个人在许多世代里获得并以符号形式存储下来的经验。它不仅丰富了单个人的经历，也使他们能吸取别人的经验。总而言之，如果通过掌握一门语言使得它们与社会知识库相联系，那么人们运用的知识就会发生爆炸式的扩张。

在重建过去的假定性过程中，无论人们遵循何种方式，他们在某些方面都会得到同一结论：当人们居住在一起并需要放弃某些乐趣时，人类也许会比其他物种更利于生存；这是因为借助于语言，亦即社会标准化的复杂符号，后一代人能利用前一代人的经验成果。当然他们也能遗忘这些成果。吸取前代经验而获得的这一能力大大提高了他们的个体在相互生活中具有的生存价值。在许多世代的知识吸收和遗忘的平衡中达成的知识的共同成长过程是一个尚未得到充分探讨的领域。有人也许会猜测说只有那些适应相互生活要求的祖先才会经受得住原始生存斗争的无情考验。在当前的思维模式中盛行一种论调，认为似乎在社会中共同生存就意味着与人类本性相悖。事实上，人们在用假设重建过去的努力中所遇到的所有明显的线索都恰恰指向相反的方向。它们表明人类天生就是为一种共同生活而创造出来的，这种生活事实上包含着人与人、群体与群体之间的斗争和管理。

然而这些线索之所以看上去指示相反方向，至少部分地因为传统分析方式以及随之而来的符号构成迫使我们把实际上是人类同一表现形式下的不同功能和关系看作是人类独立的表现形式。它们迫
使我们把语言似乎当作是脱离了知识的客体来加以反思和谈论，而 114
知识似乎是脱离了思维的客体，思维也似乎是脱离了语言的客体，等等。我们想通过展现这些实际上在实体上完全一致、在功能上相

互依赖（例如人的本性和人类社会或语言和知识）但是又似乎是孤立存在也许还极端对立的人类的方面，勾画出一种关于这些线索的关系。

无疑，一只母燕能为在鸟巢边缘准备第一次试飞的犹豫不决的小燕子作出飞行的示范，也能从远处劝诱小燕子飞出鸟巢，但她却无法将其从经验中获得的飞行知识传递给她的孩子。猿和人能通过模仿获得知识。他们能从示范中学习。然而正如我以前所说的，完全不通过语言而得到的知识的范围极其有限。人类神经和声音组织的独特性，包括人类极大地扩展了的在记忆中贮存语音模式和思维图像的能力，代表了与我们所知的这个世界不相同的贮存和传递知识的器官基础。鉴于目前正处于我们时代智能发展的高峰时期，如果把任何语言理论和知识理论的生物方面划归为唯物主义，这不足为奇。④ 这一明显证据明确地引导了对自然成长过程和社会学习过程如何相互交织这一问题进行探索。这一问题由于被一直以来以两极对立方式进行概念化观察的传统习惯所阻挠而始终处于模糊状态。通过依据独立存在的实体（如文化和自然）使这类问题概念化，人们为唯物主义和唯心主义之争开辟了战场。在这种情况和其他许多情况下，并非这证据本身要求非此即彼的问题公式，而是社会传统，那些用这种方式公式化问题的学术风格要求这样做的。

通常把理论分为唯物主义或唯心主义。人类借助知识的定位形式和借助语言的交流形式需要有特定的生物结构，例如人类极大地

---

④ 对埃利亚斯本书的观点与关于意识的唯物主义理论之间密切关系（但并不完全一致）的简要讨论，见 Richard Kilminster, *Norbert Elias: Post- Philosophical Sociology* (London: Routledge 2007), pp. 21–3, 175, n. 12。——编者

扩展了的记忆通道和明显能产生无数多种语音模式的发声器官。然而这些结构与碎石或氢原子这类物质碎片却鲜有可比性。正如我以 115
前所指出的，这些绝不会与社会相对立[5]的结构只有被社会模仿出来才能起到其作用。把指代这些结构的符号整合到知识理论中去并不需要把观念还原到物质。它和观念的理想化也是不相一致的。观念的符号指代作为存在于时空之外的无形实体，导致了毫无认知价值的虚无理论（phantom theory）。可以说，处在从知识理论的一个范式的规则向另一个范式的规则转变的时期乃是一种奇特的经历。它可能代表向一个新的纪元的转变，在这个纪元里，类似于唯物主义和唯心主义的二元对立会如同中世纪的唯名论者和唯实论者之争一样显得不合时宜；[6]在这个纪元里，甚至在人类科学领域，知识与现实的相符将优于意识形态的教条主义。

现代人类的祖先从主要通过生来固有的信号交流到主要靠语言进行的交流之间所经历的进化阶段大部分还鲜为人知。在交流的客体和符号相符合的同一语言内部，信息的传者和受者都能够理解的社会标准化的语音模式成了一种符号，使用这一符号的起源我们也不清楚。然而我们进化知识认知上的落后并不能阻止人们对动物交流和人类交流的区别以及这种区别对人类发展所产生的后果作出清楚的说明。在这篇文章里，我主要提出两种后果。

第一，与人类语言相比，各种动物使用的交流方式相对来说

⑤　埃利亚斯拒斥那种把自然和文化描绘为相互对立的观点。——编者

⑥　在中世纪哲学里，唯实论的教条是，一般概念或者抽象概念在世界上是相互独立存在的，而唯名论则认为，一般概念仅仅是个名称，并不单独存在也不优先于客体。——编者

差别不大。一种可能的假设是，在一些小的阶段上可能已经出现
116 了（人和动物）分化和相应的概念整合，偶尔也会爆发一些革命性的变化。让我们设想一下：在具有物种所特有的交流的灵长目动物群体内，某一个群体由于使用了某种形式的更加高度分化的语言交流而脱离出来，其符号意义只为这一群体成员所知。当与其他类人猿或动物斗争时，这种分化不仅仅会在其成员中引起更具分化性的合作，也会加强这一群体在行动上的内聚力。只有这一群体成员知道在语音模式上分化增加的重要性。也只有他们才能相应地行动。同样，通过习得增加群体所特有的分化有助于加强这一群体的凝聚力，并增强其成员相互协调行动的能力。凝聚力的增加会为这样一个群体带来优势，有助于增加他们在捕猎和对立竞争中成功的机会。一个群体，当遇到敌人时，可能根据敌人来的方向或来的是什么样的敌人而改变通常的物种所特有的恐惧和愤怒的叫喊声。总之，交流方式上更多的变化性给了群体以进化上的优势。

第二，相对于动物交流，无论是体态的、声音的还是整个身体的交流，人类语言交流的一个显著优势在于人与人之间交流信息的相对准确性。而且，与前语言交流相比，口头交流更具灵活性，更能适应千变万化的环境。从主要靠天生固有信号进行交流到主要靠习得符号进行交流的转变，这个方向正是更加远离交流客体和交流主体以及信息的传送者本身的方向。动物交流在很大程度上指示了主体信息，指示说话者状态的信息。人类绝不会丧失这种能力。然而，通过社会特有的符号方式表达人们的自身状况，是以既脱离开信息主体又脱离信息客体这种前人类动物所缺乏的能力为前提的。当需要比动物交流更加远离主体与客体时，语言交流以其灵活多

变，能够从以主体为中心转变为以客体为中心，反之亦然、它们能
够以主体为中心也能以客体为中心，能更加超脱也能更加投入。[7] 117
以“我们说英语”这句话为例，它可以是一个高度超然、事实取向的信息，也可以高度投入地对任何敢于说其他任何一种语言的人加以抵制。语言信息有它与事实相关的一面，它的意义受到信息发送者境况的影响，同时，它也可以作为把信息发送者的境况传递给他人的一种手段。它虽然比猫的叫声更加以客观为中心，但在向他人传递信息发送者的境况时它也局限在一个有限的范围内。对语言进行哪怕最基本的观察也可表明，诸如“主观”与“客观”、“主体”与“客体”这样简单的两极分化将不再起作用。

事实上，对像“我们说英语”这样的简单交流进行一个哪怕最简短的测试也将显出，无视知识的语言方面的种种知识理论具有缺陷。这些理论倾向于把想象囿于一个由“一边是我的存在一边是世界的存在”的公式所定义的本体论图景里，如果不与一个独立于我自身的真实世界相符合，那么我如何能确定我对于世界的认知图像形成了呢？如果我们考虑到这样的事实，即信息都要经过编码，以及无论我们如何看待信息，这种符码（即信息的语言）是作为信息主要的交流工具在特定社会单元中不断发展起来的，那么以上的本体论图景就要作出改变。把语言和知识资源传授给年轻一代使得他们能够成为完整意义上的人。他们天生就具有吸收符号作为交流和定位工具的能力。他们的自然成长过程为他们整合社会产品作好

⑦　见 Elias, *Involvement and Detachment* (Dublin: UCD Press, 2007 [Collected Works, vol. 8]), and ‘Sociology of knowledge: new perspectives’, in *Essays I: On the Sociology of Knowledge and the Sciences* (Dublin: UCD Press, 2009), pp. 1–41。——编者

了准备。人的自然成长与社会成长紧密地相互依赖，这一点很难被忽视。没有它，人们就不可能发展出充分的定位方式和自我规范手段。然而事实上，人的自然与社会过程的交融却被漠视了。自然与社会似乎都挡了彼此的道，这种认知的障碍其中的原因不必在此探讨了。

对社会符号的本性与功能缺乏理解，几乎完全不能提供一个充分的符号理论，是造成目前科学领域的这一缺陷的原因。但是，填补这一空白需要并且反过来也会刺激人们的根本假定的深刻改变，
118 当然这不是一件容易的事情。例如，这要求与一种传统割裂，在这种传统下，解决自然问题的方法似乎可以由人们在任何时候诉诸自身而发现，完全无需依赖社会和人类的发展，无需依赖社会的知识储备。这是在笛卡尔、康德、波普尔这条路线上的哲学家们的一个基本假定。就人类也只有就人类而言，通过社会符号方式进行的知识传播能够使下一代人在前一代人的知识基础上进行修正和扩大。如同语言交流一样，代与代之间的知识增长为人类所独有。尽管它从动物世界中继承而来，但这在动物世界中是没有先例的。我曾经指出，它与别的方面（诸如大脑的支配能力，以及极大地扩展了的或许使得知识能以符号形式储存的重建的记忆通道等）的进化变革密不可分。

但是，人们固有的语言难道不会成为新知识产生的障碍吗？知识的遗传基础难道不会在使用语言的人们与世界上的事件本身之间插足吗？难道我们不是禁锢在遗传的社会符号（没有这些符号我们将对我们所处的世界一无所知）的牢固的大墙背后吗？如果人们试图对这些问题作出回答，所遇到的一个困难就是要几乎自动地搜寻

一个容易理解的空间意象。比如说人们可能会禁不住问语言和知识是否具有窗子和窗帘的特点。但是，比喻在此是毫无用处的。符号并不是世界的图画或镜子，也不是窗户或窗帘。它们不具有模仿性和象形性功能，而具有指示性功能。它们之所以能在一个语言共同体内指示交流的客体，正是由于为成长中的婴儿灌输共同语言的人类本性，以及使得特定的语音模式成为特定交流客体的指代的社会传统。

“意义”概念是探讨这类问题有效的非空间方法。在语境中，它代表用作语言交流方式的声音模式的符号功能。认识到语言的社会特性和作为众多的人类成员之间的交流方式的功能对于理解其符号功能和“意义”这一术语至关重要。如果把独立的个体作为参照物， 119
那么，术语含有意义就会显得像谜一样。如果人是孤立的存在，他就不需要语言。按这种说法，一种语言的声音模式符号性地表示同一信息，或者换言之，对不同的个体有相同的意义，就会显得费解了。在目前阶段，它需要一种突然的自我超脱才能意识到，这种探索的起点并非是孤立的个人自身，而是社会形式，是由无数个人，由别人也由自己所形成的社会形式。如果人们懂得了这一点，那么意义本质上就不再是一个谜了。

一个人的喉咙和嘴发出的声波是指向另一个人的耳朵的，如果没有人能接收它们，那它们就是无意义的。一个语言社群里的成员可以清楚地经验并相互交流的任何东西都能在其语言找到位置。它代表他们经验到的整个世界，正如时空一样，符号的系列包罗万象。如我所指出的，它可被视作又一个维度。所有被认识的事物都是通过其名称而被认识的，不知名的东西是可怕的。如果一种语言的符号在某种程度上与现实不符，与它们表示的数据不符，那么人类就无法生存，他们就无法定位，交流中就会充满误解。但语言也能包含常见的谬误，因而语言能高度精确地再现现实，也能误现现实。人们能尽量根除后者，虽然在人类语言的某些范畴，特别是表现物质世界的范畴里他们已大大地减少了。然而和与现实相一致的再现一样，人类共有的幻想无论过去或现在都充斥在语言里。

如果不涉及指代性的语音符号对于人类的功能，那么这些符号与其所指之间的关系就无法弄清。传统做法把语音符号“桌子”和起居间里的桌子的关系描述为一般与特殊的关系，这即使并非错误，但也是不充分的。它无助于解释为什么一般化符号对人类有

120 用。只有注意到符号的作用，这一问题才能得到答案。“桌子”这个一般概念对于使用它的人是一种定位方式。[⑧]它在记忆中被激活，以帮助人们判定特定客体，决定宇宙中纷繁复杂的事件的性质和位置。它也具有作为交流方式的功能。对于具体的物体，例如某种桌子，即使它们此时此地并不在场，它也能使人们相互谈论它们。一

---

⑧ “定位方式”（means of orientation）在本书中多个地方出现。它指的是（能够包括意识形态和指责对象以及更加现实主义的认知资源的）符号参照点，借此人们能够在复杂的变化着的群体内社会关系中给自己找到方向。埃利亚斯从来没有这样定义这个词，而是在不同上下文中根据不同实例来使用。很明显，这是从马克思主义的生产方式垄断概念衍生而来的。埃利亚斯增加了暴力方式和定位方式的垄断，作为社会发展中基础的、不可化约的因素。更多的阐释，请见埃利亚斯的文章：‘The retreat of the sociologists into the Present’ and ‘Towards a theory of social processes’, in *Essays III: On Sociology and the Humanities* (Dublin: UCD Press, 2009 [Collected Works, vol. 16]), pp. 107–26 and 9–39 respectively. 另见 Godfried van Benthem van den Bergh, The improvement of human means of orientation: towards synthesis in the social sciences’, in Raymond Apthorpe and AndreásKráhl (eds), *Development Studies: Critique and Renewal* (Leiden: E. J. Brill, 1986), pp. 109–35。——编者

般概念构成了一门语言的共同基础的一部分。甚至对立者也享有这些概念。

认识到人们的交流和认识完全依赖共同符号这一事实可能导致一种幽闭恐惧症的感觉。人们能永不脱离符号的领域而直面那些独立于他们和整个人类世界而存在的事件吗？如果能更清楚地区分事件的存在方式和表现方式，也许会大有用处。人类的定位依赖于运用社会符号这一事实与说“客体独立地存在于人类之外”这一可能性是完全相容的。很可能地球上的所有语言群体对英语里叫作太阳或月亮的事物都有自己的语音符号。这并不排斥以下说法的可能性：这些天体独立于人类而存在——如果有人想这样说的话。像把太阳和月亮看作神或女神和一个时期的这种集体幻想，可能阻碍了“太阳”和“月亮”朝着更具现实一致性方向的转型。这一事例表明了在词义中幻想和现实一致性之间的平衡能够变化的程度。尤其在 121
物质世界里，那种平衡显著地倾向于后者而变化。太阳这一概念又可以作为例证。随着时间的推移，它从强烈的幻想型变得越来越与现实相一致。因而一种语言促进或阻碍对事件的真正认识的程度在很大程度上取决于一个人所在的那个语言和知识的发展阶段。

语音模式的意义即它们的符号内容能改变。有证据表明经过一代又一代的发展，知识的缺陷能得到弥合。符号是灵活的，它们能把客体清楚地表现为：独立地存在，具有它们自己的结构。如果在一特定时期，语言成分歪曲了现实，而且无疑它们有此能力，这种缺陷也能得以矫正。然而，由于意义变化和语音模式的改变或创新必须在整个社会中确立，因而在任何特定时间，矫正的范围是有限的。这是区分语言产生的认知歪曲、阻碍与被认为是由先验因素造成的认识不确定性的一个主要区别。[9]前者富于变化，能予以矫正。后者则不能如此；它们被认为是不变的，对所有人类而言永远是相同的，对新经验是完全无动于衷的。人类是否能获得对这个世界的真实认识这一基本的疑问自从被笛卡尔提出后，就成为主流哲学的中心。它基于一种没有被阐述清楚的奇特假设。它暗示人类的认识能力一开始就是独立于被认识的世界而发展的；也暗示人类首先在一段时期是脱离认识的客体而发展，然后可以说偶然地进入一个异质的世界。然而，这纯属无稽之谈。人类是在世界之中发展的。他们的认知能力是在与要认识的客体的不断接触中形成的。符号解放（在这个过程中社会性地获得的交流方式对于那些靠遗传固定的交流方式取得了支配地位）使人们根据几乎无限多样的情况调整自己
122 的判断和行动。人类并非作为局外人进入这个世界。主体和客体构成这同一个世界的一部分。人类对其经验的和可能希望去交流的一切事物都要形成符号，这一生物先天性决定的倾向可以印证这一事实。在任何特定时间他们在彼此交流中使用的范畴已经得到发展，而且在与非人类世界的不间断的交流中得到进一步发展。

另一方面，与语言和知识相反，这种假想的人类认知器官和与其相联系的先验不确定性不仅仅是完全不变的，而且也是完全脱离客体而自我形成的另一个世界的产物。主体和客体这两个哲学对立面以及它们引起的所有假设都是静态的。它们通常都在非过程性的模子中铸造出来。如果事实被看作变化的，看作变化的条件下的产

⑨ 这里指的是康德关于理解之先验范畴的先验概念，为认识附加了无时间性的限定。见前《文本说明》，第 xvii 页。——编者

物，这样的事实在科学的符号化中被展现为整体上不可更改的，总体而言非过程性的话，那么人们通常就会遇到无法得到结果的虚幻问题。这里我们就遇到一个这样的问题。人在年轻时学习的语言和知识的模式存在于他们之前，它们并非子虚乌有。它们一定已经被个体的人们所表达过。但人们不能仅仅停留于此，对于那些声称语言仅仅是人所说的话的总和的人，人们也许能发现其错误。在那种情况下，意识形态掩盖了这一明显事实：个人不能随意发出他们喜欢的语言声音。为了被别人理解，他们必须使用这一群体的其他人所使用的共有语言。因此，一种语言对于说这门语言的任何特定个人都有一定的自由度，然而只有人类说这种语言，它才得以存在。

因此人们很容易地就会被这样一种观点逼入死胡同，即所有人类个体生来就需要被事先存在语言宝库和知识宝库加以模式化，反过来说，语言和知识从来都是吸取了前代人的语言和知识的人类个体所积累的成果。“每一个体都学习预先存在的社会化语言”和“一种社会化语言需要个体言说者”，这两个论述都是正确的。如果这一问题——语言先于个体，个体先于语言——被赋予静态的形式，则它是不可解释的。它要求探索那不可能被发现的绝对的起源。但
世代的更替是一个持续的过程，在这种过程中，不存在绝对起源。 123
每一个人从别人那里学习一种语言，而别人又从其他人那里学习语言。因此这种连续序列到底从哪里开始的？寻找绝对起源的需要是我们这时代的社会习惯的一部分。这种习惯是能改变的，但现在还为时过早，不过这需要已经开始成长了。尽管证据并不充分，但我们还是可以说这是一个并无开端但有着变化的阶段的过程，它没有绝对的起点。没有理由认为我们的理论知识不适于处理这类过程。

人并不是永远注定要去探寻现实中并不存在的原因和起源。如果有人假想性地填补了这证据的空白，那么对于人的定位是大有帮助的。不断演变的过程概念恰好适用于这一课题。目前，我们对“主要通过遗传固定的信号进行的交流是如何转变为主要通过习得符号进行的交流的”这一问题，尚没有解决的证据，而且据我所知，甚至没有一个相关的假设，但人们可以把这样一种符号解放的出现当作一种极具可能性的假定。我们作何选择仍是一个谜。

如果这一连续过程如此表达的话，那么会出现何种模式呢？我以前已指出有必要区分进化过程和发展过程。在认知螺旋的新阶段，[10]人们会遇到一个例证。如果有人试图假设性地填补这一空白，那么出现的首先是某个进化过程的熟悉画卷，在这个进化过程中，作为交流方式的生物遗传信号的优势让位于个体习得的社会符号。这些符号具有高度可塑性和多变性。群体命运的变化或者只是偶然事件的变化都易于引起这些符号的变化。因此作为一个进化过程的结果的我们祖先的符号交流的优势导致了一个变化过程，这一过程不具进化的特征，也不是由基因结构决定的。它产生了一种纯粹社会的，发展类型的过程。

有人认为进化过程本身为发展过程的产生创造了条件。但无需作出当发展开始时人类祖先的进化就停止了的假定。应该说祖先群
124 体经历了两种类型的改变。例如，旧石器时代的人不仅经历了进化

---

⑩ 将“意识的螺旋梯”喻为把某种综合层次逐渐增加的知识的发展具体化的心理框架。见 *The Society of Individuals* (Dublin: UCD Press, 2010 [Collected Works, vol. 10]), pp. 95–7; *The Court Society* (Dublin: UCD Press, 2006 [Collected Works, vol. 2]), pp. 263–74; and *Involvement and Detachment*, pp. 36–7。

的变化，而且非常缓慢地改进了工具，这是一种发展变化。迄今为止，关于通过语言进行交流的能力似乎仍然未有所知。无论如何，这是在同一谱系的种种群体中起作用的两种变化类型的例证。

就唯一生存的灵长目动物类型而言，语言变化和知识进步是纯粹发展型变化的良好例子。人类是否仍在进化？这很难回答。在不断的生存斗争中，人类获得了对动物世界的广大领域的优势，在这些区域，人类成为生存斗争的优胜者。在这种情况下，进化变化的主要手段之一，即在几乎同等强大的物种之间的对抗，几乎停止了。另一方面，发展变化已经加速进行。在某些方面，根据达尔文的权威理论，新物种的进化发生的条件已完全改变。有一些动物世界里，自发的演化过程仍然在继续。但对大部分物种来说，争取生存的自由斗争和适者生存的选择几乎已经终止。在那里，人类已作为最适合、或更准确地说最强大的生物类型而出现。如果进化继续，它很可能是一个有计划的过程，一个没有计划结果的有计划进化。人类在动物王国里已对大多数潜在对手和敌人确立了霸权，尽管在病毒和细菌领域里这种斗争仍在继续。在其他领域里，人类整体上处于控制地位。他们杀害、关禁或限制性地保护了其他动物物种，而且才刚刚注意到统治其他动物意味着对它们的某些责任。

在这一语境下探问人类是如何设法在这些方面获得统治地位并非无聊的问题。在目前的所有答案中最为人所熟知的是以个体为中心的解释。人们也许会提及人类高出一筹的智力，提及他们的推理能力优势。或者，也许提及人类制造工具的能力。然而，毫无疑问的是，人类之所以在实践中获得对其他物种的权力优势，是因为
人能够以符号形式把知识代代相传，而且不顾挫折，经过数千年不 125

懈的传承，与现实相符的知识不断地增长了。

传统形式的发展必然有很强的自然主义色彩。人们几乎已认定诸如达尔文及其支持者们所假设的进化的必然性将永远存在下去。有人由此得到如下推论：进化论暗含着这样一个预测——正如灵长目人类取代猿一样，人类作为一个物种迟早必然会被另一种更进化的物种所取代。这里并未暗示这种假设。但是，每一社会发展都依赖于一定的条件。如果这些条件改变或消失的话，随之发生的发展也可能改变或终止。在广阔的动物世界里人作为统治群体的出现就是一个例子。前面数个世纪里几乎被认为是理所当然的进化序列的约束性必然性掩盖了这一问题的复杂性。例如，它暗示在进步的方向上发展是一条直线。如果观察得更清楚，就通常会发现它是指高度具体的社会领域里的一种前进。它和倒退的步伐是同时并存的。

本文并不想全面地阐述发展进步和发展的必然性这些问题。[11]必须清楚地指出，本文一再提到的在这里使用的进化概念和发展概念都没有暗示一种约束性的必然性或进步的单线方向。它显示的是一种顺序；按照这一顺序，后一阶段的问题和问题的解决以前一阶段问题的解决为前提。后者（前一阶段的）必然先于前者（后一阶段的），但前者并非一定紧跟后者。重复这一实质性观点：这类知识上的进步能使人类进入以前不能达致的控制问题的领域。它们也能阻碍知识的进一步扩展。也许，值得再次指出：这是传统假定的先验成分[12]（它引起了“人类是否能在这个独立于他们之外的世界中

---

⑪ 见 Elias, *What Is Sociology?* (London: Hutchinson, 1978 [Collected Works, vol. 5]), ch. 6, 'The problem of the "inevitability" of social development'。——编者

⑫ 见前第 18–19 页。——编者

获得知识”的疑问）之间的主要区别之处。这些先验成分以一种自 126
然主义的方式表现为静止不变的和永恒的。相反，作为主体和客体中介的符号是变化多端的。它们能变得或多或少与现实相一致。实际上，一些关于自然的符号已经并在将来能够与它们代表的现实相一致。

语言具有多变性，即它们可以与现实或多或少地相适应，却又具有完全不同的模式和意义；以及所有发展阶段的语言有某些共同功能，这两个事实是完全相容的。也许提及其中一个就足够了。它生动地表明了作为众多人类之间的交流方式的语言的功能。我这里指的是在大多数现代欧洲语言里用一系列人称代词表示的功能。⑬和相应的动词的语法形式一起，这一系列人称代词可以作为一种不可或缺的定位方式。它可以指代一特定叙述所指的个人或群体指代的是问话者还是说话者所属的群体；指代的是跟说话者讲话的当时在场的人还是说话对象所属的群体；最后也指代此时不在场的人，第三人或不在场的人所代表的群体。表示这一功能的特定语法形式可能变化。例如，在拉丁语中，第一人称单数在符号上以相关动词本身的形式表现。“自我”（*ego*）是独立的词，只有当有人想强调自己与这件或那件活动相关这一事实时才使用。但是无论这一特定语法形式是什么，都是用来表示这一功能的；第一人称单数本身用一种或其他形式存在于所有已知语言中。如果不是这样的话，混乱状态就会接踵而至。与动物交流自发的自我为中心相比，人称代词所

⑬　在导言和第二章中，埃利亚斯也探讨了人称代词的社会学意义，参见第6页注释3。——编者

满足的功能显示了语言交流要求说话者所具有的较强自我超越性和
127 以客体为中心[14]的特性。为了恰当地使用符号来代表自己，如英语人称代词“你”和“我”，人们必须能在某种程度上拉开一定距离来看待自己。

各种人类语言与动物交流方式相比，代表以客体为中心的更高层次。这一客体为中心使所有语言具有某种共同的结构特征。一些语言里人称代词的功能正是这种特征之一。关于语言结构的假设通常是在不经进化论比较的情况下提出来的。只要人们没有考虑到语言交流是进化过程的一个阶段这一事实，那么语言的共同特性就不能清楚地显现出来。

这里有一个例子。语言交流从前语言交流中产生，无论它是缓慢地产生，还是相对快速的暴发式产生，还是以这两种方式产生，它的进化都构成了唯一存活的人类的进化的一个重要方面。尽管这一过程的细节大部分都不为人所知，但它的一些结果，它的变化的一些细节还是能清楚地显露出来。如果人们不把语言交流与动物交流相比较，语言的更大的超脱性，更加以客观为中心的特征就不能清晰地展现出来。但是还有其他的结构性特征，如果只把语言看作

[14] 客体中心（object-centredness）：该词来自于埃利亚斯关于知识的序谱模型，在1971年他的文章“知识的社会学：新的视角”（Sociology of knowledge: new perspectives）中有详细的阐释。在序谱的一端包含了意识形态化的知识，与另一端的知识相比，这里的兴趣负荷、幻想内容、自我中心和卷入程度高，序谱另一端是科学知识，其最初的认知者和他们兴趣的发展历程都不见了，跟另一个方向上的知识相比，这个方向与现实一致的内容、客体中心和超脱性高。见 Kilminster, *Norbert Elias*, p. 49; and Richenda Power, A *Question of Knowledge* (Harlow: Prentice Hall/ Pearson Education, 2000), pp. 42–5, 161。——编者

人的不变的心智的表征，如果把语言看作和人类其他特征一样是可能连续或不连续的进化过程的结果，那么就不可能明了它们的功能和重要性。

增强了的多样性、灵活性以及尤其是可扩展的能力，是人类的语言交流与动物的交流相区别的一些特征。后者被限定为和交流主体的环境紧密相关的功能，因此在范围上相对地有局限。语言创新性的生物技能特点之一就是它们的灵活性，它们对于新的社会经验
的无限的适应性。新的社会经验以及其中的新发明、新发现，迟早 128
都要在人类语言中得到符号的表达。如果人类没有与他人交流新的经验的能力，没有对迟早要被新的语音模式符号化的新的经验进行彼此交流的能力，那么使得技术性和组织性革新成为可能的、唯有人类才有的学习能力，能否得以发展，还是个有待于进一步研究的问题。大量事实表明，通过创新（既有语音模式的，也有在符号呈现上的）的方式扩大语言与知识的社会积累的能力，是科学和技术创新不可或缺的前提条件。换句话说，比如从狩猎斧的发明到计算机的制造，太阳从“神或者神的马车“这一概念到燃烧的氦元素发热体这一概念，如果没有大量作为人与人、代与代之间知识交流手段的语音模式语言巨大的灵活性与扩展性特点，人类的知识还会扩展吗？

老实说，在人与人的交流中采用声音形式作符号，就进化论来说，肯定是语言的首要功能，但它不是唯一的功能。我已经注意到这一事实，阅读在没有产生语音模式的前提下是发挥符号功能的一种途径，写作也是如此。在这些例子中，语音的感觉模式已为视觉的感觉模式所取代。但也有不使用任何明显的感觉模式的语言运

用。通过单纯操纵符号，以及通过剥除它们和任何感觉形式的明显联系的方式，这些语言运用最为人熟知的方式就是我们所说的思维的某种形式。在这些事例中，符号保持了它们在和思考的人的那种语言或者数种语言的联系中所获得的模式。但是学习的进程使不出声地说话，不出声也不动用任何有形感官地制造语言符号，成为可能。但是思维的静默语言总是能转变为口语。然而，还会有其他形式存在，这些形式包含了某种符号的操作，这种操作不使用或者最
129 多只是微弱地联系着口语的句型。这一形式的符号思维可能会潜移默化地逐渐变成以前提到过的非语言图像的操作。句子可简化为关键词，而这些关键词又可以和图像相混合。把思想或这类知识转换成口语并不总是简单的，甚至符号的特有形式在很大程度上也保持着和符号在特定社会的语言中获得的形式一致。为了发现即使在这一层次上的语言差异和社会习惯[15]的差异达到什么样的程度，需要进一步和更细致的观察。即使从这一层意义上说，说法语的人和说英语的人使用不同的符号吗？即使在这一层次上，是否说西班牙语的人和说德语的人在符号的使用上有什么不同？我意识到我这是在提出问题，而不是回答问题。但在此情境下问题也强调了某种重要意义。人们正在了解到，语言、思维和知识不能被当作分开存在的部分。它们也不能被当作不同理论的对象事物。专业化已经活过了其有效期。需要一个整体的理论来涵盖这一切。

显而易见，语言有其材料性的一面。为了履行其交流功能，语言不仅要人说，它还必须要被人听。语音模式必须从信息发送人传

⑮ 见第20页注释22。——编者

到接收者。带着其特定的语言，以及作为某种社会先验物的其他习惯特征，人们又一次跨越了其群体的发展。它先于刚出生的人的任何经验而存在，且有助于人类说话、思维和认知能力的形成。这一社会生物的安排是语言、思维和知识发展的延续性的条件。它说明了，为什么在许多情况下不同社会的发展的区别性特征或者人们常说的文化的差异能够保持数代之久。然而若需更好地理解这一安排所导致的特征，仅仅在不同的人类社会之间比较还是不够的。人们只有上升到更高层次的综合，即要把人类社会与动物群体相比较，
它的全部重要性才能清楚地显现出来。人类成员主要是以习得的语 130
言进行的交流，而动物的成员进行交流的方式在很大程度上不是通过共同和个人的学习获得的，而是和遗传预先决定的交流形式紧密相连的。这一层次的比较使得下述观点更加明显：语言交流是人类社会的一个基本特征。

人类社会最重要的区别性特征之一是其变化的能力、发展出新形式的能力和适应新环境而对人种无需作出任何生物改变的能力。动物群体结构是因物种而异的；一个黑猩猩群体的结构在具体方式上总是不同于一群大猩猩或长臂猿的结构。狼、大象或群居昆虫形成了其物种的几乎固定的群体特征。它们形成的群体生活是所谓进化的生物过程的一部分，这也是以上相关的生物物种出现于其中的同一个过程的一部分，在这个过程中，这种进化变迁所需的时间跨度相对比较大，尤其是与发展变化相比时更是如此。当人们想到一种新物种的出现时，用数千年而非数百年作为时间参照物，那么他会更能接近目标。许多人类社会在短短的二十个世纪里经历了巨大变化，例如从部落到国家，从绝对君主制到议会共和制。罗马人用

了几个世纪的时间就从埃特鲁斯坎人统治的城市国家和经常是四面围敌的城市共和国发展成为一个庞大帝国的统治群体。就其所用的概念而言，这种没有任何明确的生物物种变化的社会巨变能清楚地认作是一种社会发展，认作在相同生物物种内循某个方向进行的无计划的变化，即同一物种（即智人）的变化。这与进化截然不同，进化导致一种新物种的出现，而且就群居动物而言，进化包含了这些动物的群居方式。

无疑，几千年以来，社会发展的速度和认识延伸的进度非常缓慢。它似乎以指数的速度增长。与现实相符合的人类认识的贮存也是如此。它能一代又一代地增长，归功于通过人为的语音模式进行
131 的交流的进化革新。这种语音模式是作为在特定社会能成为交流客体的任何事物的符号，而且只能通过学习获得。在我们已知的所有情况下，它们中都有关于讲某种特定语言的社会的符号，即一种群体的自我形象。

我们不知道主要借助于由学习获得的、用社会标准化语音模式进行交流的进化变迁是如何完成的。但是我们进化知识的这一缺陷并未削弱对以下认识的可能性：在语言、思维和认识的多种功能中，语言作为社会标准化的语音模式，这种新的交流方式在从动物群体到人类社会的转变中起了主要作用。动物群体结构主要由个体基因结构决定，或换言之是物种特有的；人类社会结构能经历巨大变化，而个体基因结构无任何生物性变化，且这些变化与群体经验变化相关联，其中包括权力关系或社会认识贮存的变化。

有人也许会说，能代代相传的社会储备知识的变化可以仅靠模仿传给后代而无需使用符号。无疑，通过模仿进行的学习在个体学

习过程中，因而在一代代传递知识方面发挥一定作用。经常提到的猿的模仿能力很可能是它们学习潜能提高的表征。然而，在至今仍然存活的猿种的层次上，学习并没有在后天习得与先天固定的控制活动的由遗传决定的平衡中获得了优势。总之，与知识传递的符号技术提供的范围相比，通过无声地模仿和不使用语言符号的修正而传递的知识的范围是很小的。人们无需忘记不发声的模仿在人类的知识传递技术中起一定作用，但可以说符号技术的潜能大大超过了模仿的潜能。标准化为知识的语音模式的延伸和变化几乎是没有限制的。

符号受结构限制而不能更适应现实，也不是由人类的本性或者 132
任何先在的经验所决定的。[16]哪怕没有别的例子，人类的概念（现在体现出了非人的性质）越来越与现实相符，这可以作为一个例子，证明人造的符号能够增加其与现实相符的程度，也能够扩大社会的知识储备。同样广为人知的是，在人性的所有成分中，所有关于我们称为自然科学的知识都是以巫术-神秘型的知识为前身的。它的具有或大或小的力量潜力的精神王国的特性，先于关于自然——进化中无目的变化但却遵循某种固定规律的世界——的经验。

自然由神秘形象向科学形象的变化已被普遍地作为常识看待，并视作理所当然，这一事实却往往阻碍着对于以下事实的认识，即这只是语音符号能够发展的那一个发展方向的例证，即一个使符号向着更与现实相符合的方向发展的例证。再次以太阳形象的变化为例。在普通人的语言表达中，太阳被看作是燃烧的氦元素发热体，

⑯ 参考康德关于知识受先验范畴限制的理论。——编者

但它可能也可能不被证明是对它的认识过程的最后阶段。它最大限度地在与现实相符合的方向发展。如果人们把中世纪的动物寓言集与现代大量复制的动物书籍相比，也会得出同样的结论。前者中有着许多对于怪兽和其他动物的生动描述，我们知道这些描述是人们幻想出来的东西，但在当时却被看作是真实的。神秘的动物几乎已从我们这个拥有动物插图的时代的流行书籍中消失了。

还有其他大量例证说明这样一个事实：符号的社会积累能够从这样的状况——幻想的知识和与现实相符合的知识的区分界限并不确定，并且它们之间的平衡偏向前者，向另一种状况——关于非人类世界的符号的幻想内容和与现实一致的内容之间的区分完全清楚地确定下来——转变。现在在这两者之间的平衡中，与现实相符
133 合的知识明确地占了上风。在非人类的自然领域，它明确地占有支配地位，然而在诸如人类社会的其他知识领域，想象知识（例如以社会理想的形式）仍然被当作与现实相符合的知识对待。在这些领域，幻想与现实之间的界限是模糊不清的，并且前者在支配性的知识形式中明显占了上风。

第七章　从“真理”到与现实一致：超越关于知识的传统哲学理论 134

与17世纪到20世纪末以来一直占据支配地位的传统理论相比，知识的符号理论本身就可以看作是一个迸发转变的例子，即由显著偏重想象的知识转变为与现实相符的更平衡的知识。与现实相符合这种表述旨在帮助矫正传统知识理论的一个弱点——把知识看作是脱离实际的知识的倾向。一般而言，这些理论使知识过分专门化了。它们把知识的认识功能，亦即作为定位手段的功能，看作是能够与所有其他功能（尤其是其作为交流手段的功能）分离开来的独立的功能。知识的本体论地位，其在世界中的地位以及知识间的关系，认识的主体与客体的关系，仍然含糊不清。由于与语言相脱离，知识就不能够在多维的世界中定位。它似乎仅仅成了人们头脑中的某种东西。这种地位暗含着对于这样一个假定的默认：知识像语言一样，是非物质性的，它脱离并独立于这个物质性的时空中的世界而存在。然而，一个简单的事实是，任何一个东西如果离开了这个世界就不能言及它的存在。许多流行的语言理论与知识理论的幻想特点在它们的某些方面——作为在时空中存在的物体，其实在时空中难以找到。在时空中存在的任何事物同样也在符号维度中存在，这并不与在符号维度上存在的任何事物同样也在时空中存在这一事实相矛盾。

把知识看作超时空存在的倾向与把知识看作外在于人存在的另一些观点密切相关。有人已创造出一整套词汇来支持这些缥缈的
135 存在。“真理”和“有效性”就是例子。①它们常常都有静态的特征。在我们这里已用过程概念取代了它们。作为特定事物的符号在特定社会中被标准化的语音模式，根据环境或多或少地与现实吻合。真理概念在我们的词汇中有它的功能和地位。在法庭上一个证人可能被认为已诉说了真相，而可以说一个学童或外交官撒了谎。真理一词的反义词是谎言。一个受伤的男人地震后对救护队员说自己已埋在瓦砾下 35 天了。他撒这个谎是为了得到抚恤金。但在科学范畴里，这对反义词不那么适用了。如果有人宣称亚历山大城天文学家托勒密及其同时代的人撒了谎，而哥白尼（Nicolaus Copernicus）说了实话，或是牛顿撒了谎而爱因斯坦发现了真理，那么他可能说错了话。真理一词这种严格的静态特性不仅导致了它的不充分，同时也产生了道德上的含义。然而科学工作是一步步发展的。它在过程上有这样的特征，各个层次上的符号逐渐变得与现实更吻合，其幻想内容逐渐减少。科学陈述作为事实的符号会变得更充分或是更不充分。语音符号对事实有许多遮蔽，也有许多一致之处。太阳是某

---

① 接下来关于真理这个哲学概念的评论，可以参见埃利亚斯对这个概念的缺陷的讨论：‘Sociology of knowledge: new perspectives’, in *Essays I: On the Sociology of Knowledge and the Sciences* (Dublin: UCD Press, 2009 [Collected Works, vol. 14]), pp. 28–9。有效性这个概念参考新康德主义认识论中的核心概念“*Geltung*”。虽然在此没有论及，但这个概念却是 1922 年埃利亚斯博士论文（“Idea and individual: a critical investigation of the concept of history”，载 *Early Writings*, Dublin: UCD Press, 2006 [Collected Works, vol. 1], pp. 23–53）的主要批评目标，也见本书的文本说明。

位神为了给人类的白昼带来光明而放在空中的天体，这不是一句谎话，而是幻想，但它并不是完全错误的，因为太阳确实是光的源泉。

知识的本体论地位的不确定性，在这里被如下记忆所抹去：知识是能贮存于人们记忆中的语音模式，知识的社会建构的意义能从幻想盛行的状况到一个与现实符合性很高的层次。认识和认知的中心问题过去是现在仍然是知识与其客体（知识反映的事实）的关系问题。知识曾经被认为不可避免地扭曲和妨碍了现实。即使没有别 136
的，自然科学以及与其相连的技术的进步也反驳了这种看法。没有什么比和“现实”一词的使用联系在一起的污蔑，更能反映知识这一概念的使用以及因此和所有关于知识与其客体关系的陈述所紧密相连的不确定性了。哲学家总是指责那些在讨论知识的本质时使用现实一词的人是幼稚的。超验哲学的影响有多么巨大，从以下事实就可以看出来：人们在讨论认识问题时总是不敢使用“现实”这个词，以免被认为是不懂或不熟悉在行家里已被接受为公理的学说——知识不可避免地扭曲和掩盖了真实世界。谬误、错误的判断总是不可避免的。但至少在某些科学中，在对声称的发现进行系统考察相当完善的时期，可以认为把知识看作对事实的歪曲和伪饰的教条是过时的了。确实，只要“什么是知识”这个问题不被问及且不被回答，那么像“人们的知识是否和它的客体（即它所代表的现实）相符合？”“它们又距离多远？”这些问题又怎么能回答呢？

符号理论（这里作了简要概述）提出并解答“什么是认识”这一问题。它表明了关于知识的种种理论在复杂的花巧中所丢失的东西。对知识来说，这一问题恢复了它的语言学特征——在或多或少标准化的语音模式的形式下人们之间相互传递的信息。一方面，它们作为人们的交流手段，在其他方面，它们作为定位手段，以及以思考的形式作为一种在多种方法中有可能找到最简单和最好的解决方法的缄默的思维尝试。在此基础上，人们可以清楚地认识到知识与其对象并没有实体上的相同点，除非它变成自身的对象。关键在于，关于知识的传统理论通常不能清楚地认识知识的实质方面。它们没有清楚地指出，知识是由被社会标准化为真实事实的符号的语音模式所组成的。在这种背景下，我一直回避使用“真理”一词。我转而使用的“与现实相符合”这一术语同样可以帮助澄清符号与其所指物的关系。

137 有人曾试图把这种关系解释为一种相似性。符号在字面上可以看作是它所表示的某事物的图画或图像。然而在大多数情况下，在除了符号本身就是符号所指物以外的所有情况下，符号完全不像其所指。关于太阳的知识完全不像太阳，它们没有相似之处。然而，关于太阳的知识在说英语的人中作为一种标准化的声音模式，作为太阳的符号，它可能具有更多的幻想内容或更加与现实相符合。多少个世纪以来，它在前者与后者之间游移不定。太阳的形象与“太阳”这一语音模式联系在一起。它以这种形式贮存于说那种语言的人的记忆中。科学的探寻能消除客体符号中的虚幻成分，而加强符号与客体的一致性。实际上，现实一致性这一概念被引入到这儿的原因之一是想避免图片或镜子般的影像。[②]现实一致性这一术语可

---

② 参考路德维希·维特根斯坦在早期著作《逻辑哲学论》(*Tractatus Logico-Philosophicus*, London: Routledge & Kegan Paul, 1922）中提出的关于语言的“图片理论”(picture-theory)，在此理论中，语言被认为是世界的镜子。——编者

能强调客体和关于它的知识之间或多或少的一致。如果其主要功能是定位手段，我们就将其称为知识，而当强调信息从一个人向另一个人的传递时，我们就把它看作是语言。

在这一方面，符号理论也许能有助于对长期进行的争论作一个总结。这些争议包括：人类是否真实地认识客体；是否永远不能借助其认识能力的自发结构，以嵌于人脑中的先于经验的思维方式，发现他们生活的这个世界和他们本身的“真相”。人体中存在先于任何客体经验的思维方式，一直是个奇特的争论问题。它暗含着人类是先于世界，因而也是先于其认识客体而进化的观点，以及人们是事后偶然进入这个世界的观点。为了理解先验论的实质，人们不得不认真地思考以下事实的可能性：人类认识客体的能力是为了蒙骗自我而自然形成的。笛卡尔非常明确地考虑了我们认识的这个世
界是不是一种虚幻物这一问题。以下事实绝不只是巧合——有一个 138
时期（这个时期里以自然科学为形式的与现实更相一致的知识占优势）也引起了这样的哲学疑问：人类是否能对其存在的世界获得真实的认识；换言之，他们经历的世界是否完全不是一种虚幻。有人也许会大胆地说，天生具有认知能力缺陷的动物物种几乎没有机会在一个存在许多天生就具有高度有效的认知能力的动物（包括许多掠食动物）的世界里存活。

笛卡尔提出这一问题的时期也是人类认识能力的优势在人类对非人类世界逐渐增长的支配过程中表现出来的时期。人类所居住的这个动物世界日益被调伏作为人类认识能力的表现也许并不能完全被忽略。有人可能会问，为什么人类消除虚幻的能力，给予与现实相符的知识对幻想知识的优先权的能力，在人类以其本身为探寻

对象的领域中，其知识的发展远远地落后于非人类自然的领域？很容易认为它与调伏程度的差异有关。

不论怎样，关于人类知识本质的论述，其基础已经改变了。一方面，知识在这里被看作是一种过程，一种人类学习的过程，而不是据推测从零开始获取知识的个人的学习过程。这是一种与事实更协调的知识观念，尽管它与知识理论的传统不太相符。无论个人对他们时代的规范的知识所作的贡献是多么巨大，多么有创新性——没人会否认知名人士在人类社会知识储备的发展中所作出的杰出的、创造性的贡献——，是社会知识储备的发展形成了个人对知识贡献的源泉。正是被纳入公众所认可的知识贮存（它通常也是一个相当长的过程），标志着从一种个人的看法——可能是也可能不是个人的成见——转向对人类知识发展主流的一种贡献。

139 试以太阳为中心的宇宙的观念为例。这一观点早在哥白尼之前就有人提出，但正是哥白尼提出的观点获得了同时代的人的认同，并被公众的知识贮存所接受。从古代到亚历山大时期的托勒密都知道这一观点。但托勒密拒绝接受它，因为这一观点与我们感觉到的证据明显相斥。相互冲突的观点（如为这一观点被接受而进行的斗争）形成了人类知识过程中必不可少的一部分。本章的一个基本理论——以我们为中心的认识，即知识具有人与人之间信息传递的特点，也要与类似的困难进行斗争。这一理论与以自我为中心这一根深蒂固的观念相冲突。知识的主体可以从第一人称单数“我”变到第一人称复数“我们”。与此相一致的转变是，知识在这里被看作是与语言密不可分的。据我们所知，如果人类没有把知识以语言成分的形式代代相传的这种特有的机能，那么人类知识的发展是不可能的。无论是口头还是书面传递，知识能够以语言形式在人与人之间进行交流，这是事实，因为这一点，人类知识大规模的代代相传成为可能。

如果有人愿意，他可以区分不同层次的知识。但是，没有一种语言交流不具有知识传递的特征和功能。从这个方面来讲，爱因斯坦著名的物质与能量定理与“水壶里的水开了”这一陈述并没有本质的区别；二者都有语音符号的特点，语音模式都把知识从一个人传给另一个人。语言和知识并非截然不同和相互独立，它们不过是同一事物的语音符号的不同功能，把同一交流对象符号化的语音模式的不同功能罢了。知识这一概念着重强调的是，语音符号可以在人脑中储存，这样，它们的声音方面暂时变得沉默和不活跃了。但是，如果人脑里储存的符号化信息重新集中，再一次为以听得见或看得见的符号的交流做好准备时，这些语音符号就重新活跃起来。对语言和知识这一本质特性的认识可以弥补传统的知识理论的一个 140
主要缺陷。再提醒一下，传统的知识理论并不探讨“知识实际上是什么”及它的存在方式。它的实体地位是不确定的。有关知识的问题有时被当作有关自然的问题来讨论，但知识经常被认为是一种文化要素，完全是非物质的。

到目前为止，偏离传统知识理论的观点主要有两个：

1. 正如我刚才所说，知识跟语言一样，从它的存在方式来说，不再是具有不确定实体地位的一种脱离现实的美妙想法，而首先是通过与他人的交往，自身生理潜能得以发挥。跟语言一样，知识被看作一种符号网，它被社会地（如果愿意，也可以说是文化地）深深根植于特定的生理基础（它为这种根植所设计）之上。如果不接受社会知识储存，个人不可能适应社会，这样也就不能生存下来。因此，从实体上讲，知识跟语言一样，属于联结自然和文化（或社会）的大量过程。知识绝非是无形的。如果语音模式不被社会标准化，它的符号存放功能不被存放在一个人的记忆区域里，那么，我们通称知识的那些过程就不可能实现。

2. 与被承认的学说偏离的主要观点之二在于知识的符号特性。当我们说一个事物与诸如“这个陈述是真的”或者“是假的”这样的陈述相符合时，就能更加明确地界定这个事物是什么。一般地说，人们只要把讨论的中心放在观念、概念、理论或知识这些称为主观的东西与被称为客观的任何类型的事实之间的符合上就满足了。在这里，知识与人们交流的语境是分不开的。问题在于作为社会标准化符号的语言成分，是否并且在多大程度上能够与之意欲表达的相一致呢？不妨举个例子，“人类”这个词是一个指代你、我和人类其他成员的语音模式。这个符号可以以信息的形式从一个人传到另一个人。问题又产生了：这种标准化的主流知识（它可能有上帝造人或人是进化的产物③两种说法）是否并且在多大程度与现实相符合呢？在多大程度上，这种知识是和愿望和恐惧联系在一起的
141 幻想呢？由此可见，这种偏离意味着重心的转移：从单个的认知者作为知识的主体到人的群体，而最后是整个人类作为知识的主体。

---

③ 这里暗指埃利亚斯在第一章对进化论背景下关于人的形象的两个最重要而又对立的观念的考察：生物学认为人本质上就是猿，宗教观念认为人有灵魂或者心灵，这使人跟动物界彻底区别开来，见前“文本说明”，第16页，那里有埃利亚斯如何看待《符号理论》与此争论的关系。——编者

在最后的人类那里，由在符号上由特定的语音模式再现的知识（或者通常所说的，它们的意义）开始发展成为现在的标准形式。

传统上，一致性问题通常固定在静态的参照框架里。而在这里，与证据相符合，一致性问题被放在过程中来研究。由于语音模式以及它们被标准化后承载人际之间的知识和信息多种多样，这样，随着时间的流逝，整套符号可以从较不符合实际转为更加符合实际，或者从较少幻想内容转为更多幻想内容。人的发音器官的特性及其和大脑的联系也可能拓宽语言的发音模式，并建立新的语音模式，以表达需要交流的新的发现，新的经验。有人可能怀疑：如果人的词汇量和产生声音组合（它可以作为有关新经验的信息载体）的机制不具有扩展性的话，人的知识是否可能得到扩展。

人类知识本身的扩展是大家所熟知的。而符合实际的知识的增长在早期相对迟缓，后来发展加快，现在仍在加速增长——这也为人所知。一般认为，数千年以来，人类主要使用石制的武器和工具，因为石头在当时是最耐用的材料，后来，才慢慢掌握了将金属作为制造武器和工具的原始材料的知识。人类知识（特别是在非人类领域的知识）最近可以看到的快速扩展也同样众所周知。在一定时期，作为推动知识发展的先驱者的人类群体飞快地变迁着，他们在知识发展的不同阶段是不同的。但是，知识上的主要变革，在人类历史长河中，很有规律地从最开始的人群扩散到其他的人群。新 142
知识从某个中心地带向其他地区的扩散在当时比现在要慢得多，不过，这也是我们所能看到的人类知识增长的一个普遍特征。

以上所说的都是众所周知的。不过，这只是在经验的层面。虽然很明显，每个利用现成的人类知识储存或对其进一步的发展作出贡献的人都是站在前人肩膀上的——这些前人几乎没留下姓名，但是都曾单个地或同他人一起为人类知识的增长作出了持久的贡献，但就传统的知识理论而言，这几乎完全在他们的考虑范围之外。一种根深蒂固的认识论传统从理论的高度把知识增长的漫长过程排斥在考虑之外。这种阻碍的原因之一显然在于，包含了长时期的知识增长过程的知识理论，不能和传统知识理论的基本假设相容。譬如，它就与主客体关系的模式不相符合——根据这种主客体关系，主体的形象是由以下的设想决定的：个体丝毫不依赖前代而作为完全独立的主体自己获取知识。

人们常常假定，在知识理论中，只有科学的知识，或许只有物理的知识才值得考虑。毫无疑问，向非人类领域内所谓的科学性的探求方式的转变，可以说是人类寻求符合实际的知识的扩展的一个突破。不过，同样毋庸置疑的是，如果没有前科学知识先前朝着更符合实际的知识方向的长时期的发展，就不可能有这种突破。哥白尼从托勒密和其他古代学者那里受益匪浅。从狩猎和采集时代向放牧和农业时代的转变也标志着向符合实际的知识的发展前进了一步。同文字和阅读的发展，通过听觉符号传播的知识以及通过视觉符号传递的知识的发展一样，种植植物和饲养家禽是在从前科学到科学知识的道路上前进了一步。如果没有这些和其他先前的知识进步，扩展符合实际的人类知识储备的科学方法就不可能取得突破。

143 传统的解释把科学的产生当作几个非凡个人的几乎偶然的思考的产物。而具有科学探索方法的先驱者是把自己的工作建立在以前的人类知识发展的基础之上的，是建立在大量符合实际的自然知识基础之上的，而这些自然知识是在以科学的形式呈现的符合实际的知识出现之前的几千年中才积累起来的。传统的解释不能说明这一点。如果无视人类自然知识增长的前科学阶段，就不能充分解释科学阶段的突破。为了使这些联系显而易见，需要大量经验研究，同时也需要从现存的理论中分离一个关于人类知识增长的理论模型。关于知识的符号理论是朝着此方向的一个尝试，这种理论把知识展现为一个长期过程，展现为一组流动的符号。它们可以向两个方向运动，这两个方向由一组标准来表示。④知识可以前进或倒退，扩展或减少。正如前面所指出那样，知识可以更加符合实际，更少想象色彩，或者相反。

到目前为止，人类关于非人类自然的知识，经过或大或小的起落，已经在广度和现实性方面得到稳步发展。这可以作为在特定方向上长期发展的典范，也可以作为一个接一个的或者连续的发展的历时性特征的典范。后来的每一阶段都以前阶段的发展为前提，但并不是前期阶段发展的必然结果。实际上，就知识过程的较早阶段和最近阶段而言，知识过程遵循连续顺序这一特点得到了公认。在最早的阶段和最近的阶段之间存在一个区域，通常称之为历史。在历史里，研究可用的细节的洪流遮蔽了研究者的眼睛，使他们看不到知识的发展结构，看不到连续顺序的特征。如果有人留心一下人类知识发展的早期阶段，就会理解如下事实：人类对把金属作为制 144
造工具的原料的知识和运用不是在认识和利用石头之前，而是之

④　此处隐含的意思是：描绘方向性的变化是可靠的，因为有可能创建许多组经验上可验证的标准。在第九章论及人类历史上宗教的和世俗的知识发展的四个阶段时，埃利亚斯短暂地回到了方向性变化的标准。——编者

后。我们不会忽略这一事实：利用铁为人类服务更加复杂，并且需要有比利用铜更高的技术。人们在炼造铜合金（比如青铜）中所获得的知识，可以说为制造更复杂的铁器奠定了基础。

类似地，如果有人说起发展中和发达国家时，他会意识到在自己有生之年的连续性变化。根据目前的种种设想，只有以这两个发展时期为分支的阶段才完全没有发展的或历史的特征。当今的时代本身就为连续顺序的不同阶段提供了许多这样的例子，这些阶段或同时共存，或以历时顺序接续存在。这种类型的顺序并不仅限于知识。不过，人类知识的发展却是这一类型的顺序的一个很好的例证。这种说法意味着人类把自己本身看作一个过程，代替了虚构的完全独立自主的个人而成为认识的主体。我们称之为历史的这一时期（也就是从远古到前现代时期）的发展性特征，尽管起起落落，但这种特征迟早会显露出来。在这种情况下，只要对知识过程加以纵观，便会足以突显我们现在的知识在经验层次和理性层次上的差距。把长期的知识过程看作一种发展并不容易，因为人们今天所拥有的东西，当然包括认识，比如对传染病的病源的认识，在我们以前若干代人那里是一无所知的。要那些已知的人为了自己的理解而重建未知的人的环境条件是很困难的。为了更好地理解知识过程以及连续顺序的特征，需要展开想象的翅膀。

在知识的发展过程中易被忽视的一面在这里更加明显了。这一过程是人类所特有的，这一事实早已引起了人们的注意。认识增长的关键在于人类能够把知识以符号的形式代代相传。这样，后一代人就可直接利用这一认识，而无需再重复先辈们为获得这一认识所进行的试验和经历。一般来说，人不清楚以下事实：一个人思考和看待世界的方式被社会标准化的语言导入特定的方向，而这种社会标准化的语言每个人都有自己的，而且轻松地当然地使用着。人来 145
到这个生活群体中，可以想当然地使用语言和知识，而且永远不知道这些语言和知识曾花费了早已故去的若干代人的劳动和经历。

“意识”这个词本身就可以作为例证。按通常用法，这个词似乎与知识并没有什么特别密切的关系。但再三思考之后，可以发现意识一词通常指的是以知识为内容的形式。但意识是什么的形式呢？有一种观点认为人是一种容器，一种实实在在把内心事物与外在世界区分开来的容器。这种观念在英语、法语、德语等语言中根深蒂固。需要竭力与之拉开距离才能发现，想象并非不证自明的，而是需进一步的细察。以为意识是一个先于经验或知识的阶段，或像装满瓶酒的酒窖一样是一间填满知识的大房子，只不过是一种幻觉。“我们意识到我们自己”从本质上说，是我们有关于自己的知识。这个例子说明符号能够把人引向歧途。内容和形式是不可分的。没有知识就没有意识，没有意识也没有知识，意识只不过是一种条件的代名词，在这种条件下，储存的语音符号，或者说用来定位的认识，能够正常地随意地调动起来。弗洛伊德所说的“潜意识”指的是这样一种条件，在这种条件下，储存起来的种种经历，尽管可能仍然有效地作为行动的决定因素，但不能随时回忆起来。某些作为个人知识的一部分的经历不能被记起或者只能在某些医疗方法的帮助下被记起。

社会标准化的符号是否且在多大程度上与事实相一致，这个至关重要的问题必定仍然模糊不清，而且终究是一个难以回答的问题。原因很明显，世界是广大无限的，认为个人完全靠个人资源就能对这个辽阔而复杂的世界有符合实际的认识，这一观点是错觉。不过，这暗示了一个全知全能的无所不知的人的理想。这个理想在许多古典的知识理论中起到了一定作用。在整体上能为个人所了解的有限世界的图像下面，隐藏着一个不言而喻的假定。这种假定，
146 可能隐藏在“真理”、“理性”这些概念之后。这种缄默的理想预示了所有主流哲学共有的对知识问题的一种静态的解决办法。

不过，也有例外，其中黑格尔和孔德的哲学也许最为闻名。二人都受到法国革命的影响，都试图摆脱探讨知识问题的哲学方法的静态特点，而代之以知识的过程模式。二者都以自己的方式试图解决同一问题。他们都在非常高的综合层次（或说抽象层次）展示了知识发展的模式。有人可能认为他们的尝试在方向上是正确的。但黑格尔和孔德却是在一个经验事实不足以进行这种综合的知识发展的阶段上进行的，所以这些差距只有靠推测来填补了。从这个意义上来说，他们重构知识的发展模式的努力是早产儿。他们提供的模式由于一厢情愿的想法而变得不完美，经不起充分的细节知识的检验。他们两人为自己定的目标强化了他们与那种认为认识的主体是孤立个体的传统观点的分歧。虽然黑格尔把认识的主体个人化为绝对精神，但他和孔德一样，看到了认识的主体实际上是一个社会单位，是相互联系的世世代代形成的链条。所以他们所留下的遗产不是在哲学而是在社会科学领域产生了最重大的影响，这绝非偶然。孔德的哲学影响了涂尔干，而黑格尔的哲学影响了马克思。19 和 20 世纪的哲学家的知识理论，基本上又回到了笛卡儿和康德的以个人为中心和非过程的传统哲学。黑格尔和孔德企图与传统哲学决裂，

却遭到疯狂责骂。[⑤]在哲学家当中，在社会学家当中（这一时期社会学家受哲学家的影响而步其后尘），他们的作品被列为非法，遭到唾骂。

同时，有关人类知识发展的经验知识的社会储存得到发展，并且正在迅速增长，而在高层次上综合的新尝试却因为一些失败事件而受阻，这些失败抵消了早期综合者的工作，特别是黑格尔和孔德 147
的哲学观点。对于知识增长细节的不断增长的知识基本上是历史学家的功劳——这些历史学家的职业训练强调从可靠的原初材料中提取具体细节。不过，从兰克（Ranke）[⑥]开始，他们的职业意识就认为尝试更高层次的综合是不合适的。因而这些新尝试遭到了反对。人文科学背负着一种遗产，这种遗产阻碍着通向更高层次综合的道路，从而妨碍了关于长期社会过程的理论模式的产生。

不过，如果不参照个人在整个知识增长中的出发点，是不可能评估一个人对知识增长的贡献的。特别是，自然科学的成长为长时期的社会发展、长期的无计划的社会过程提供了一个引人注目的例子。有很多仍未被利用的材料有助于更好地理解人类符号朝着更符

⑤ 这一责骂的典型例子就是卡尔·波普尔在两本著作中对黑格尔和孔德两人作了严厉的批判，这在20世纪60年代和70年代广为流传，对社会学影响深远：关于黑格尔，见波普尔的《开放社会及其敌人》（*The Open Society and Its Enemies*, 2 vols, rcv. edn, London: Routledge & Kegan Paul, 1962, 11, pp. 27–80；关于孔德，见波普尔《历史决定论的贫困》（*The Poverty of Historicism*, London: Routledge & Kegan Paul, 1957, pp. 105–30, 152–9）。——编者

⑥ 利奥波德·范·兰克（Leopold von Ranke, 1795–1886）：以“客观方法”（包含首倡使用第一手文献材料）享有盛名的德国历史学家，埃利亚斯在《法庭社会》（*The Court Society*, Dublin: UCD Press, 2006 [Collected Works. vol. 2]）中引用并广泛地讨论了兰克的作品。——编者

合实际的方向发展，从而更好地理解这一概念的意义。社会学家力图提供经得起检验的长期过程的模式，在本质上与历史学家的方法是截然不同的，在人们希望更广泛地理解这一事实之前，要学的东西还很多，未学的东西也很多。历史学家仍可以从个体是起点这一设想出发，而社会学家却受到即使是最伟大的革新者也是在持续的过程中的这一事实的限制。如果不重构作为革新者出发点的社会知识标准，评价个体对知识增长的贡献就几乎是不可能的。所要探究的不仅有个人的知识生产，而且有知识生产者以此为起点的知识的不断变化的标准，对这些进行探寻的方法仍然处于发展的早期阶段。自然科学的成长也为这一事实提供了例证，那就是个人对于知识的增长作出的贡献带有接续此前知识的特征，而不完全是一个绝对的开始。个人对既有知识的依赖非常有弹性。这种依赖总是存在，从不缺席。随着人类知识贮藏量的增长，总的来说，个人创新
148 的机会也增多了。公众对一种发现的接受总是涉及其他人。历史学家们研究人类知识的增长，试图强调个人对新知识的生产，贬低知识的社会接受。然而，若无后者，个人的创新也就缺乏了新发现的实质性的方面。

例如，在教科书的帮助下绘制出某些领域内知识的不断变化的社会标准，也会促进一种可验证的综合。它有助于提供在人类的知识领域和其他领域生产事实导向的过程模式所需的证据。当然，创新总是有限度的。人们可以说，一种发现只有它能用一些被充分标准化并被别人所理解和省察过的符号来表示的时候才体现出知识的特征。同样，人们也可以就认识过程的方向作试验性的假定，然后寻找证据来反驳或证实它们。目前缺乏能代表一种高级综合的过程

模式，这在某种程度上被证实了。在18、19世纪，过程模式常建筑在意识形态的先见的基础上。没有理由排除以下这种可能：这样的模式可能被纯粹当作科学研究的工具，被当作人类在他们的世界中更加与事实相关的定位的工具。

149 第八章 “五维”人类世界中的概念形成：超越抽象解释

用语言的方式进行交流的进化质变很有可能在不同人类生活方式的出现中扮演了关键的角色。如人们所见，向知识交流的转变也为新的定位方式拓开了道路。这个进化的创新带来了重大的结果，但对句、词用法的熟悉可能使我们难以察觉这一事实。也许只有在与动物的交流和定位的比较中，知识被限制于一条相对狭小的轨道，才使得人——动物的后代——充分了解了通过学习语音符号（这些符号在不同的社会中是不同的）而获得的知识的新奇性和独特性。我们可以更简单地提到这一事实，但如果说“人类通过为其交流中的相关事物命名的方式相互交流和在这个世界上定位”那就可能不准确了。在古老的年代里，人们更加明白，为天地万物命名的力量是神和人所共有的特别的财富。因此《旧约全书》中明确提到，上帝在创造黑暗和光明时为前者命名为“黑夜”，为后者命名为“白昼”，而后，他把为动物取名的工作留给了人类。①

我先前曾试图解释过，人类能以两种相互关联的方式获得关于世界的知识。他们可以通过包含自身感官印象的亲身体验来获取

① Genesis 1: 2 and 2: 19-20. ——编者

关于事物的知识，也可以通过指代事物的语音符号尽可能获得关于
其交流对象的知识。他们获得这些符号，然后学习如何将它们用作 150
一种语言的成分。这些符号可以同时被用作沟通方式和定位方式。假如没有获得语言，人类就无法确定自己在世界上的位置，甚至无法确定生存。通过一种语言媒介，人们可以获得关于事件的大量知识，这些事件除了听说和从文字上看到，他们自己不可能得到关于这些事件的亲身经验。另一方面，此时此地以个人体验的形式直接通过感觉获得的知识也从来不是纯粹地存在的，它总是与构成语言一部分的语音符号和以口头语言或书面文字的形式获得的知识完全交织在一起。因此，一个人闭上眼睛，碰到一张桌子，而且他仔细地摸遍桌子，最后确定这个物体真的是一个时空四维的物体，再具体一点，是张桌子。但通过这样的认知方法，他只能确认一个经由公共的社会符号的个人亲身体验的事实，一个在符号的社会空间和与之相随的知识储备中的特定位置。在这种方式下，一张桌子可以被说成作为一种人为的符号指代的对象和一种存在于时间和空间中的对象。如果将这些使物体相互定位的方式分离，或者认为它们不相容，都是错误的。目前的习惯可能使人们的思维倾向于这种方向。但是，正如我马上将要阐明的，在人类交流中具有位置和功能的所有事物中，没有一种事物是仅存在于时空中而没有以语音符号为形式的再现，也没有一种事物具有并不存在于时空中的语音符号的特点。

每一种语言都包含分类系统和事件之间的关系模式（真的或被认为是真的），以及对这些事件可能的解释模式。通过这些分类的、解释的和其他联系模式，语言的使用者能够用符号确定个人经

历的事件在他们所体验的真实世界中的位置。语言就这样根据这些符号在这个符号世界中的位置帮助其使用者综合和组织个人的认知能力。如果一种语言不能在既定的时间内提供一个适当的分类或范畴，某些条件下就可能刺激新符号的产生。这样的经验刺激产生的
151 新符号可以恰当地包含经验，但不能适合现存的主流符号。

“病毒”一词的出现便是一例。如果一种新的病原仅仅存在而没有其符号代表，这种早先不为人所知的病原的发现就不会成为一个“发现”。用“病毒”这个语音模式在符号上确认了新发现的疾病原因的这一发现和社会过程，被专门用来在人们之间的信息里指代这些病原，并于同时表明它们在说话人的世界中的位置。通常情况下，如看一件家具，相关的人会根据个人的感觉用家喻户晓的词来形容之。一个讲英语的人可能将他的结果概括为：“这是一张 table（桌子）”；而一个讲德语的人会说那个东西是“Tisch”。如人们所见，人类生活在一个不是四维、而是五维的世界。他们不只根据对象在时空中的位置，而且也根据它们在说话者自己世界中的位置来确定交流对象，这个世界由说话人的语言中指代它们的语音方式在符号上来表明。

如果不是如此熟悉语言，人们也许会更容易认识语言对人类的高度的认知功能。这正应了一句俗话“亲不敬，熟生蔑”。在人们形成关于他们所居住的世界的图像（包括他们自己的图像）的过程中，各种语言起了共同形塑的作用，这难道不是一个明显的常识吗？语言当然对将之作为母语学习的小孩的观念有着决定性的影响。它们为孩子们提供了在个人经验领域之外的领域进行定位的手段。人们是否应将此看作是相对于先验主义哲学家的自然先验论而

言的一种生理的或社会的先验论呢?

有很多先验主义哲学流派假定了一种自然先验论，这种先验论以“理性定律”或“逻辑定律”的形式把自己放在心智拥有者（知识的个人主体）和他们试图去获得准确图像的世界之间。虽然不总被承认，但在此情况下，人性本身——人脑的结构——就成了祸根，它使我们永远无法克服对人类认识可靠性的不断怀疑，它使自己成为主客体之间一个不可超越的障碍，而且先于主体获得关于客体的 152
认识之前。人们可以下结论说，插足于知识的主客体间的闪烁的文字光环构成了一个先验主义哲学家的社会先验论（它与自然先验论相对应）。但问题不在于此。毋庸置疑，作为认知要素的语言可以引导，亦可以误导。传统的含糊其辞也许经常能以令人吃惊的韧性证明其在几个世纪的日常语言里的效用。哲学认识论中的主客体的划分已经在英语中呈现了作为反义词的主体和客体，而在一些情景中，“主体”一词几乎可以与客体互换。这并不是特别令人烦恼的。

作为符号再现的形式呈现在这里的，传统上可能会被表述为归纳或抽象。其背后的假设似乎是，个人首先从具体的桌子获得了关于桌子的经验，然后在看到更多此类的东西后从它们中抽象出一个一般的概念“桌子”。但在这件事上实际恰恰相反，而且无疑更为复杂。这又是一个例子，许多人给予语言或者知识之类的社会事实以它们应有的先于任何特定个人而存在的权利，上面这个例子表明了他们在此时遇到的困难。如果有谁想要克服这个困难，就又得考虑没有起点的过程了。有人可能会倾向于假定一个小孩子学习一种语言的过程可以被看作是一个绝对的开端。但那不是事情的真相。他又一次不得不考虑这个事实：幼童在其生物社会的成长过程中要经历一个阶段，那就是他们天生就愿意去学习抚养他们的人的语言。这是人的发展过程中关键的一点，它使认为“社会生活违背人的本性”这一广泛传播的、最不容置疑的观念受到挑战。生物过程在这一阶段提供了一个天生的潜质，但这一潜质只有被社会过程、被互相之间以及和小孩交谈的大人以及被个人学习过程所激活才会生效。有时文化与自然冲突，有时自然与社会冲突，但是再次记住这一点可能会有用——只有通过与他人共处，通过社会生活，人的本性的基本特点才会显露出来。作为人类能够说话的必备条件，生物过程、社会过程和个人过程的相互联结，生动形象地说明了在人类生活的一个转折点中生物过程、社会过程和个人过程这三者之间的紧密联系。

153 这是理解一个常被误解的关系的关键，这里有必要再说一次。生物过程为个人学习说话和理解一种语言提供了潜能。如果这一生物潜能被损坏，如在一个聋哑小孩身上的那样，这个人就可能不能学习听觉形式的语言。同样地，如果一个孩子不是被一群可以互相用一种语言交谈并同这个孩子交谈的大人照料，这个孩子也将无法学会和听懂说话。生物成熟过程在某一时期使孩子具有了同别人说话并去听懂别人说话的潜质。如果在这一时期照料孩子的人在孩子在场的时候互不说话，也不同孩子说话，这个孩子学习语言的潜能在后一阶段将可能遭到严重损害。人类天生就为与他人生活在一起而生，为群体生活而生，这是我们在其他场合可以观察到的最明显的一点。换句话说，他们天生注定要过社会生活，注定要进入一个符号的世界，注定要过一种使用自己声音的独特的个人的生活。

我们这个时代有一个强烈的倾向[②]：将我们感知为不同的事物看作是彼此相对立的。我们倾向于用非此即彼的方式来考虑问题。我们问：语言是本能还是文化？也许这种在思考上两极化的倾向反映出了一个冲突和战争的年代。无论是什么原因，语言的例子表明，两极化的倾向模糊了这个问题：什么是关系？在这个例子中，问题即是：自然、社会、个人三个层面上的语言之间的相互关系是什么？语言的声音部分即使在采取无声的语言运用形式（例如思考）时也仍然出现。无声的语言形式的结果迟早必定被恢复成别人能接受的听觉或视觉的形式。说话的自然潜质，被相互组成语言共同体的许多人共享的语言所形塑和建构。这个自然潜质这样被激活了，它便帮助这个社会的个人表述、表达，并确定它自己的位置。总之，自然的、社会的和个人的过程在产生一种语言的符号过程中起了作用。

通过学习第一种语言，母语，孩子们得以进入了符号的世界。
他们为自己获得更多知识和更多符号化的经验创造了机会。但一个 154
人在幼年时学习的这种语言可能限制——甚至会阻碍——获得经验和获取知识的机会。孩子们可能会试验自己的语音模式，直到他们学会哪些声音模式对别人来说也一样代表交流中的那个具体的物体。他们将某一特定社会的语言作为母语学习，这种语言在他们来到这个世界上之前已经存在着了。它带着很强的选择性因此也就是限制性打开了通向符号世界的大门。有可能我们的语言本身所表示的但没有说出的假设部分地掩盖了人类学习语言的方式。我们很少

② 见前第20页注释22。——编者

说“小孩子学习一个特定社会的语言”，而常说“小孩子们学说话”。这样，一种语言的获得就被看作似乎是一个纯粹的个人成就。人的注意力就从人们在此遇到的生物过程、社会过程和个人过程的密切结合上转移开了。

对于一种业已存在的语言的学习，表明了儿童的经验是被先于他们本人的经验而存在的各种条件所形塑的。这些条件，对于他们的交流和定位与现实相符合是必不可少的，而远不是阻碍或者损害了获取世界的真实知识的可能性。对于与现实相符合的知识的可能性的哲学怀疑被人类生存斗争的成功以一种相当基本的形式反驳了。如果人的认识天赋真的不能使其达到对于客体的真实认识，那么这些天赋早就自行毁掉了。关于人类有认识上的缺陷的假定——它经常对人类认识世界本来面目的能力提出怀疑——从遗传上就是不可能的。如果有这种缺陷，人类应该随即就会灭绝。相反，他们却为自己取得了对于其他物种的统治地位。这表明人类所拥有的定位手段更加有效，它们为人类提供了比其他大多数生物更多的获得与现实相符合的知识的机会。事实上，以世代积累和扩展的知识为手段的定位可能是最好的，它在被盲目的自然进化过程所赐予动物的各种定位技能中是最充分的。哲学家们向公众宣扬人类的定位手段有天生缺陷的学说，这是奇怪的和需要作出解释的。它暗示了一种永远的不确定性——人们语言中的语音符号究竟是否能够准确地表示这个世界的各个方面，外在于认知个体的任何事物是否真实存在?

第九章　遥远过去和长远未来：与现实一致的知识与人类的生存

我曾经试图阐明我们所体验的世界的二重性：一个独立于却又包括了我们自己在内的世界，和一个通过人为的符号再现之网作中介、为我们所理解的世界——这种符号再现是由其自然构成决定的，却又必须在社会学习过程的帮助下才能得以具体化。这个经验的世界可以与现实更加符合，也可能与现实更不符合。我们可以在其中此时此地地经验这个世界和我们自己，把它们直接地看作一个可知的整体、一个以我们今天常常看作四维时空的过程呈现出来的变化条件下的瞬间。但是，它也总是由语音符号表示出来。如果它没有被符号性地表示出来，那么人既不能认知它，也不能交流它。从这个意义上说，这是一个五维的世界。通过语句和词，人们可以指示它的过去、现在和未来。这样，人类可以把自己从当下的束缚中解放出来，到达任一个时刻。任何能够成为人类交流客体的东西，都可以作为一个时空的事物，亦可以确定为一个语言和知识的事物。

要为这个集合物找出一个单一的物理模式是困难的。除了语言符号性地指示符号以外，它与其所指物之间是非常不相像的。语言构成了独特的一层人类世界。一个语音符号可以主要与现实相一致，也可以主要是一个有大量层次和级别充斥其间的幻象。语言虽然被不同地表述着，但它一直就是在符号上表示被说这种语言的社会的成员所经验到的世界。因此，语言这一层世界的独特性之一是，它整体性地反映这个世界，同时也反映人的群体，亦即以符号
156 为交流手段的社会。它的另一个特点是，所有的符号都隐含着各种关系。它们暗示着使用某种特定符号层的人们是如何与这个世界及其方方面面和范畴彼此相联的。符号层的各种范畴并非绝对分离和独立。至于世界上是否有绝对独立的事物存在，一般来说这又是一个不同的问题，对于这个问题的回答是我力所不能及的。如果不把“蝴蝶”“手帕”“昨天”或者“对我而言似乎”这些词放到一个特定语境中的话，我们是不能单独言及它们的。

进一步说，如果各个事件被语言表示的话，那么这些事件就被置入了关系之网中，这个网是永远不能靠短期经验单独建立起来的。每一种语言都是祖传下来的，是无数代人的共同产品。使用共同语言的社会的个体成员可以丰富它，也可以误用它，但是个体能够修改它的力量却是有限的，因为一种语言的主要功能之一就是使得大量人的群体交流成为可能，因此，如果一个个体对语言的修改与一种语言的标准的语音符号出入太大的话，即使并非不可能，那么语言理解起来也是相当困难的。一种语言与使用它的每一个个体成员都有关系。尽管在一些社会中，个体毫无疑问地可以随心所欲地使用共同语言，但是，人们或许低估了人们赖以看待世界的这个共同语言的标准符号网对于一个人“想说什么”、“能说什么”所产生影响的程度。

人们或许没有意识到这样一个事实，一种语言的语音模式具有

共意符号或交流客体的特点。语音模式“自然”成为几乎一切非人造物的符号，这样的社会契约并不存在。在大多数情况下，一种语言的语音符号是通过在和他人进行交流的社会实践中使用这些或者与此类似的声音（这些声音作为交流的特定客体的符号）而形成现在这个样子的。有时，一个学术机构[1]有权决定词的惯用法；有时一本词典也拥有这一功能；在某些情况下，像宫廷社会或者一个城市的贵族这样的社会群体对语言的使用也有示范性影响——这一群体的命运决定了他们的语言的命运。

三种基本要素之间的关系模式形成了一切知识理论的核心，这 157
三种要素是：谁来认知（主体）、所知之物（他们的知识）、被认知之物（客体）。人们也许已经看到，在此提及的关于这三个基本要素及其关系的实用模型，与传统的知识理论中所使用的是不同的。在后者中，知识的本性在实质上是不清楚的。它常常被看作是人们头脑中的某种东西、某种与外部世界不同的东西：一个观念、概念、思想，或者某人所说的某种东西——一个判断或者陈述。这种空间想象，在一个人的头脑中为知识的位置，常常与把知识描述为科学的一部分的表述结合在一起。但是，科学是一个社会事实，它预设了一个包括各种合作与争论的世代间的关系。但是，知识在个体头脑中的位置，它在与一切外在东西的明确区别中的位置，是如何与它作为一个社会单位、一门科学的一部分的存在模式结合起来的，或许还不是太清楚。语言-知识复合体的本体论地位问题仍然是一

① 这里和下一句引用的是埃利亚斯在第四章里关于法兰西学院和德语《杜登大辞典》的评论，两者提供了权威的语言立法。——编者

个悬而未决的问题。人们似乎默认，知识是非物质性的东西。但是一种科学如何与人们看不到、听不见、摸不着的东西相关联，或者如何与任何其他经验相联系，这一问题很难被提出来。同时，应把知识归类于人的自然性的一部分还是文化性的一部分，人们的意见似乎并不统一。总而言之，知识的本体论地位问题，并未被看作一个需着力关心的问题，但是它确实和诸如真理、有效性、认知价值等术语加以表示的知识的关键问题相联系。知识不是这个世界的一个复制品或模拟物，这早已为人们所普遍接受。知识是否是现实的镜像或者是否是现实的图像这个问题也为人们所经常探讨。但是，总体上说，知识的不确定地位还被人们普遍地、理所当然地看作一件不值得花费心思去研究的事情。

正如人们所看到的，在本文中，知识已与语言密切统一起来了，并且语言也与知识及思想密不可分。这就去除了不确定性问题产生的一个来源。它包含着诸如数学语言这样的可能的语言分支，这种数学语言是特殊的语音符号集，如果人们以标准的形式看待“语言”这一术语，它们并不能自动地包括进来。所有这些符号，不仅具有*定向功能*，而且还都具有*交流功能*。事实上，很难想象有
158 语言形式不包含这两种功能的。在某些细节中我试图表明，即使在*发声部分*并不发音的情况下，声音的符号功能也未必会受到损害。“知识”这一术语，常常被用来表示一个被无声使用的语音符号链。语言的语音符号能够被存储、记忆，并在无声形式下使用，这易于使人们产生这样一个印象，即知识与语言是人类的两种不同的、独立存在的表达方式。无声地运用语音符号确实减少了它们的交流功能，强化了它们的定向功能。但是，只有当声音及其交流功能被带

回到生活中的时候，知识才能够最终具备其定向功能。或早或迟，知识都要作为人们彼此间能够进行书面或文字交流的感性形式。

语言在此已被当作人的世界的一个层面。只要诸如自然与文化、社会与个人这样一些基本概念的分化还未被他们的关系限定和综合的手段所抵消，那么人们将不可能理解语言的存在方式。语言与知识都是综合[②]的典型，它们是不能分开的。如果没有掌握知识，人类无法交流；如果不使用一种语言，离开迟早要与他人进行的交流活动，人们也无法掌握知识。因此，旧的理论揭示知识问题的综合层面与我在此准备揭示的综合层面有着非常明显的不同。为了确定语言和知识的关系，建立一个统一的参照框架是必需的。在此，我们通过承认语言和知识都是符号功能的做法，提出了这个框架。表面上看，知识与语言是分离的。人们可以把知识由一种语言翻译成另一种语言，这一事实似乎表明了知识可以离开语言而存在。然而这却轻易地忽视了这样一个事实，翻译并不意味着知识可以移入一个无语言的王国。它揭示的是知识可以从一个社会的符号集向另一个社会的符号集转变的可能性。它最多表明，同样的信息可以用不同种的语音符号来传达。

传统的知识理论只关心科学知识，对于公元1500年前的人类 159
知识以及此后阶段的非科学知识则少有兴趣。然而，有大量证据表明，前科学知识的增长，是科学形式产生的前提条件。托勒密的错误是哥白尼修正这一错误的前提。把科学知识从前科学知识中分离出来，使知识理论贫乏无味。我们的明确目标在于建立一个包括所

② 双重含义：语言与知识在理论上和实践上都是综合的典型。——编者

有知识理论在内的统一的理论。现在的探讨是沿着这个方向迈出的一步，它为建立一个人类知识的长期过程模式开辟了道路，这一过程没有一个绝对的起点，它可以一直追溯到一系列未知的进化阶段。人们只能作出这样的推测，如同通过非习得的信号与定向方式即本能的方式，从交流中产生新的进化技能一样，以习得的语言为方式进行的交流。与以习得的知识为方式进行的定向，都是分阶段出现的。我们不知道它们怎样出现、为什么出现和什么时候出现。我们只知道结果，一个有着许多层次、级别和融合居于其间的，从共同的想象到与现实相符合的知识的一个知识系谱。③

如果离开了进化的背景，想象性知识和与现实相符合的知识似乎纯粹是相反的两极。只有将它们放到进化的背景下，人们才能看到想象知识与以现实为导向的知识的亲缘关系，它们都是同一进化过程的现象。人们或许仅仅把现实性知识看作人类的区别性特征，而忽视了这样一个事实，即可传达的想象知识同样构成了人的这一特征。猿也可以在其幼年有想象，但是，它们的游戏规则是由遗传决定的，并且对于整个猿类而言都是同样的。就目前所知，只有人类才有依照想象知识规范自己行动的能力——尽管想象知识可以影响天生的欲求，但它本身却不是天生的，它只有通过学习而个体性地获得。人类的文化在很大程度上得自这种能力。尽管我们这些证据有限，但人们还是可以说，在唯一存活下来的人科动物的种群中，无论是幻想知识还是与现实相符合的知识，都没有一个最初的起点。

③ 见前第 xviii 页注释 13，第 93-98 页。——编者

在人类生命进程的早期阶段，与现实相符合的知识范围比我们所拥有的要具体得多，但是却不可避免地存在着局限性。如前所 160
述，想象知识在这一阶段对人类具有高度的生存价值。神话填补了他们现实性知识的空白，使他们得以从对数量巨大的未知物的恐惧中摆脱出来。

尽管现实性知识在我们时代的许多较发达的社会中占尽优势，但是，想象性知识仍将继续在人类行动中发挥着作用。尽管后者常常只在欠发达社会中起着决定作用，但是，从来也不存在一个与现实相符合的知识的最低起点。一个综合的研究方法把运动结构揭示为一个事实，而非一个想象之物。我以前曾经提到过这一点。这一点相对来说很简单并与知识主体的变化密切相关。这是一种关注语音符号的知识功能的知识理论，这一理论并不把知识主体看作单独的这个那个人，而是发展中的人类社会以及人类的最终的发展。如果这一点能得到理解的话，那么尚有争议的、前面未曾解决的、有关与现实相符合的知识的可能性问题，就可能有了一个清楚的、可验证的答案。有了这样一个人类进程作为社会框架，不难看出，想象性知识同与现实相符合的知识的平衡在一个世代更替的大背景下，是能够两面摆动的，但是在关于非人类自然的知识的情况下，它事实上已经偏向了与现实相符合的知识的一边。这两种类型的知识都会发展成一种社会性的专长，比如一方面是科学，另一方面则是艺术、宗教以及其他一些文化成就。

这个例子表明，我为什么选择“与现实相符合”这个概念来作为一种知识类型的符号。人们习惯于毫不迟疑地言及一个陈述的真理性。但是“真理”具有牢固的道德基石。它的一个最明显的反义词是“谎言”。然而，要把在科学发展过程中的并不真实的每一个科学陈述都称为谎言，将容易让人产生误解。同样，“真理”也常常被错误地理解为语言陈述与事实之间、陈述中的符号集与陈述所表示的各种事实之间的相近或相同。陈述的符号特征使得更易于理解为什么要选用“相符合”一词来表示符号与其所指之间的关系。它表明了语音符号的指代性特征，而语音符号在既定的语言中代表着一个特殊的声音符号或者一些这样的符号的组合。

161 只要知识从根本上被看作是非物质的，看作是“心智”的东西，那么人们就不可能进一步弄清这种关系。如果知识作为一个交流客体的符号性指示的特征被加以考虑，并且也考虑了其作为存储在人的记忆器官中的被社会标定的语音模式的特征，那么作为一个不言自明的假定影响了许多关于知识讨论的“身-心”二元论就会消失。知识的人际方面受到敏锐的关注。带有知识功能的、存在于言语、文字或记忆中的人际之间的信息与交流客体的关系，被证明是符号集与其所指之间的关系。这种类型的指示概念不再具有一个固定的绝对终极特征，这种终极性在传统观点看来是与诸如“真理”这样的概念相联系的。“相符合”这一表述揭示了运动过程的方向。它包容了这个过程中的种种层级。一个语音符号集与另一个相比，与现实相符合的程度有高有低。但是，具有过程还原[④]规则和用静态术语表示事件的悠久传统的语言转化为适合对过程进行符号指代的语言，确实不是一个简单的任务，完成它需要一个相当长的时间。

人们有时辩称说，直到16世纪以及17世纪，欧洲地区的科学

④ 见第61页注释3。——编者

产生之后，人们才能说掌握了获取真理和真实的自然知识的手段。他们的说法给人这样一种印象，科学知识的产生是一些非凡的天才人物偶然出现在欧洲的结果。事实上，在此之前如果没有古代和中世纪知识的发展的话，我们获取自然知识的所谓的科学形式的突出成就仍将是不可能的并且也必定是很不全面的。即使是那些以狩猎、采集食物、进行早期农耕为生的原始祖先们，也拥有大量的知识。尽管那些知识还称不上是科学的，但却应被称为与现实相符合的。即使其中掺杂了以想象为主的知识，但仍然称得上与现实相符合。

迄今为止，把握包含数千年的长期过程（比如人类自然知识的
成长过程）的能力，已被认识和展现人类过去的历史模式严重地损 162
害了。这种对于过去的认识方式，不仅人为地割裂了所谓的前历史和历史，并且把注意力大量集中在历史的具体细节上。这样一来，需要有一个长期眼光才能发现的过程结构就可能在理论上被忽视了。如果人们把人类的整体发展作为参照框架，那么与现实相符合的知识的增长就确实是显而易见的。尽管曾为较简单的社会的成员所拥有的这种类型的知识的细节，现在都已遗失了，但人类整体的知识发展却随着时间的推移已在经验层次和综合的理论层次上都得到了发展。随着知识的发展，人类对地球上其他生物伙伴的统治也发展了。在知识帮助下的定向能力已经给了人类超越几乎一切其他物种的巨大的优越性。或许人们能够解释这种恒定性，正是有了它，与客体相符合的知识作为其高度生存价值的标志，得到了增长。

这并不意谓着知识的发展过程会始终走向一个方向。一个更加

详细的调查将会表明，这是一个伴随着曲折和倒退的、更加复杂的知识发展模式。在此我仅以中东及欧洲知识发展的四个阶段为例简要说明这一点。作为一个连续过程，其已知的最早阶段是古代苏美尔人，他们除了以听觉符号（口头语言）为交流手段外，还有了视觉符号（即书写文字）的发展。下面我们区分出教士主导的知识的两个不同阶段以及世俗群体主导的知识的两个不同阶段：

教士主导知识的第一阶段（第四个千年的晚期—公元前6世纪）

世俗知识的第一阶段（公元前6世纪—公元4世纪）

教士主导知识的第二阶段（公元4世纪—公元15世纪）

世俗知识的第二阶段（公元15世纪迄今）

这使我想起了孔德的三阶段规律。[⑤]但是，这里简单提及的序列既不是一个规律，也不是一个必需的不可修正的过程的模式，它只是
163 用一个事实导向的模式，揭示出知识传递的连续性的一个突出侧面。如果需要与新发现的知识事实相吻合的话，它是可以修改和摈弃的。书写的发展可以作为知识连续性发展的一个例子，尽管它可在人们之间和国家之间有所不同。不管腓尼基人的书写方式是从哪里来的，古希腊人还是从他们那里将书写方法学来了。就我们所知，它与迈锡尼时期的希腊字母并不相关，迈锡尼时期希腊字母是

⑤ 三阶段律是社会学先锋、法国哲学家奥古斯都·孔德创立的。该定律认为人类知识的所有阶段都会经历形而上学的、理论的和实证（科学）的三个阶段。——编者

从克利特发展起来的一种古老的书写形式。罗马字母是希腊的书写形式的一个变形。罗马的书写方式自我演变成中世纪的书写方式，并变成了今天我们看到的这个样子。

在孔德时代，把非理性的或宗教性的知识作为知识发展的一个早期阶段纳入知识发展之中，并不罕见。孔德也不是他那个时代将此序列作为准自然的必然性的唯一学者。到了20世纪末，人们能更好地认识到这是想象。本书的框架揭示了知识过程与国家形成过程间的紧密联系。宗教知识第一次流行的中心在古代中东的君主国中，比如古代的苏美尔、古埃及以及巴比伦等。在这大多数国家中，一方面是在教堂中的、第一阶层的大规模的社会组织为中心的、以主教为首的宗教贵族统治；另一方面，是以国王为首的以宫廷为中心的武士贵族统治，他们相互间不可避免地结成国家的统治伙伴，并在权力争斗之中成为对手。尽管在早期历史阶段，埃及比美索不达米亚地区的国家较少受到侵略，武士贵族统治还是早早地就让位于参与宗教团体的权力的此起彼伏的斗争运动的国家官僚贵族统治。在这一阶段，尽管以宫廷为核心的阶层为知识的发展作出了贡献，但总体而言，神职人员仍然统治着知识的生产与传播。

如果人们将教士主导知识的第一个阶段中的宗教组织和知识结构与第二个阶段相比较，那么知识过程的一个显著特征就会显现出来，后者并非是简单地向前者的回归。第一个世俗知识阶段的发展，在宗教主导知识的第二个阶段中并不是简单地丧失了，后者代表的是一种进步与退步的复杂的混合。神话重新统治了最初的科学探索曾经统治过的领地。但是，宗教组织模仿了罗马帝国的国家组 164

织，而前者曾是后者的发源地。在教会的形式上，宗教组织比第一个教士主导知识阶段具有的宗教信仰和崇拜变得更加高度集中和统一。其中一项最重要的改革就是对于一本书的权威的依赖。教会的概念形成极大地得益于此前的世俗阶段中得出的高级的抽象或综合的概念形成。在这一背景下，这些例子足以表明四阶段模式不具有统一的进步与倒退的特点，但是，它们至少证明了知识进程的复杂性。这个模式需要比较——比较是其与现实相符合的一个标准，比较导致了科学形式的发现的出现。

在这个知识增长的长期过程的情况中，这个例子同样展示了长期过程模式的本质和功能。自然科学的发展，或许能诱使人们把过程模式看作一种规律，或规律的普遍性。孔德就没有抵挡住这种诱惑。但是，社会学的过程模式就不具有对大量反复出现的特定状况而言的普遍规律的特征。这四阶段模式表示的过程很可能是唯一的，它可能永远不再发生。这一模式对于我前已述及的情况提供了一种连接方式，通过它，知识传播和增长的连续过程能够把不同国家和人们的知识传统相互结合起来。人们可以把在文艺复兴时期以科学知识的形式在我们现在认为是欧洲国家的地域里繁荣起来的连续的知识传播和成长过程，追溯到古苏美尔人那里。在这一过程中，特殊的世俗群体，在打破曾被宗教群体攫取的知识的传播与生产的垄断权方面，获得了两次成功。第一次是在古希腊-罗马社会，第二次是在欧洲社会。十有八九，世俗知识的第一次迸发以及教士主导的知识的第二个阶段对它的许多方面的吸收，是世俗知识第二次迸发的前提条件。问题在于，为什么在苏美尔-欧洲传统背景下，世俗群体能够两次成功地创造他们的知识传统并且为他们的世俗知识获得了超过于教士主导型知识的主导优势？如果我们把注意力和事实知识集中在后者上的话，那么用以区分科学知识和非科学知识的特征就不能清楚地得到揭示。⑥我在此提出这一问题，只是作为 165
一个例子，以此说明代表高级综合的模式在对人类社会研究中所起的作用。

最后简要指出这一研究的两个方面或许是有用的，这两个方面被隐约地提到，但却未被明确地揭示出来。⑦至少在这两个方面，符号理论视野下的经验领域比它们通常在历史的、社会学的以及其他社会科学研究视角下表现出来的要宽，并且相应的理论综合层次也要高。

第一方面：超越民族国家

首先这种研究中隐含的社会参照框架常常是我们这个时代的主要的生存单元，亦即民族国家。传统人类学研究的是种族。国家是种种研究所契合的主要的综合层次，这一点在社会学研究中可能不像在历史学研究中那样明显，但是，当人们检验社会学家们言及社会时意味着什么时，常常发现尽管他们可以把自己的视野限制

---

⑥　这就是说，如果把这两种类型生硬地分开，就不能正确理解是什么把科学的知识从非科学的知识中区别出来。更高层次的理论综合揭示了，世俗知识第一阶段的某些概念进展为第二阶段教士主导的知识所吸收。这依序成为第二阶段世俗知识的前提。换句话说，这既不是统一的也不是必然的进程。——编者

⑦　埃利亚斯在此处开始谈到的两个方面意义重大：首先是扩展了社会学超越民族国家的参照系，其次是扩展了深入过去历史的视野。第二个方面从第171页开始论述，小标题为编者所加。——编者

在国家的下一级结构上，但却很少超出国家这一综合层面。进一步说，他们常常将其研究工作限制在国家内部的关系上。社会学家们很少在其视野及其社会概念中纳入国家的关系及其经历的那些变迁。换言之，洲际规模的国家群的发展以及人类的最终发展，置于社会学家们的问题领域之外，这已经是一条规则了。[⑧]但我们在此并不这么看。

166 只要人们暗中把社会等同于一国之内人与人的关系，那么国家间的关系，以及人们相互形成的作为综合单位的人类间的关系就会被视作存在于社会之外，或者可能根本就不存在。事实上，国家间的关系也就是人们之间的关系。它们与家庭关系以及与国家社会内其他关系的区别仅仅在于它们指示不同的综合层次。它们和国家层次或低于国家层次的社会关系一样真实。如果找不到其他证明的话，在国家内在关系中使用暴力，即战争，可以清楚地表明这一点。由于家庭关系、工业关系以及作为探讨主题的国家之间的关系，归属不同的学术门类，这就造成一种印象，似乎国家内部的关系属于社会关系，而国家间层次上的关系则不是社会关系。即使没有其他证据，那么非常明显的不同层次的社会的相互依存及其在发展上持久的相互依赖都足以修正人们的这一印象。

这里所遇到的问题，使人们看到了社会学家的概念库中的一个空白，这个空白他们并不能很好地加以解决。人类社会，就其今天

⑧ 关于此，见 Elias, *Humana Conditio*, in *The Loneliness of the Dying and Humana Conditio* (Dublin: UCD Press, 2010 [Collected Works, vol. 6]), and 'Towards a theory of communities', in *Essays II: On Civilising Processes, State Formation and National Identity* (Dublin: UCD Press, 2008 [Collected Works, vol. 15]), pp. 119–54。——编者

的组成看，具有数个相互交织的综合层次。亲属群体层次、部族层次、国家层次、大洲层次，最后是人类层次。它们都是一步一步的阶梯。现代的观察者们会注意到，人类社会发展的不同阶段的不同综合层面的代表物可以拥有的权力机会也是截然不同的。社会学家们，以及确切地说一般意义上的社会科学家们，仍没有充分准备好来处理不同综合层次上的人类关系，以及这些综合经历的发展变化。

一个显著的例子是从部落综合层次向国家综合层次的变化，对此，人们现在仍可在非洲的某些地方观察到。对这些变化我有鲜明的记忆。60年代早期，我在加纳大学教授社会学时，被邀请参加当地一个重要的节日，并且仍然记得开幕时的情形。仪式是露天进行的。客人坐成一个相当大的圆圈，主人、地方首领坐在圆圈的一边，对面坐着尊贵的客人、国家总统的代表。他们穿着类似于古罗马宽袍式样的传统服装，看起来像罗马元老院的议员，高贵而骄傲。仪式开始了，首领从其座位上起身，并同他的许多伙伴一起从其座位处慢慢走向国家的代表们，可能是向他们能够光临节日庆典表示欢 167
迎。然后他们返回到自己的座位。过了一会，国家代表及其随员站起来，沿着圆圈走动，向首领致意，可能是答谢首领的邀请并表达国家元首的美好祝愿。我们看到的是对某种平衡状态的符号再现，这种平衡状态是在部落与国家这两个层面代表间旷日持久的争战中达成的。非洲第一个由殖民地成为独立国家的国家总统，在为自己作为国家首脑积聚越来越大的权力的同时，也希望最大可能地维持被他视为一个特定的非洲制度的部落首领的礼仪权力。

具体说来，这些国家的形成过程是千差万别的。它们可能以部落间为占据国家政府的位置而进行的争霸斗争为形式，或者以国王与其强大的贵族臣下的斗争为形式。在国家层面上，分裂往往是成功整合的另一种选择。但是要达到最后的结局往往要经历多次战争。在非洲也是如此，从部落向国家层次的转变，常常以战争、破坏的形式表现出来。我所看到的仪式表明了对地方首领的有限霸权的承认，同时也是对国家至尊地位的承认。从民族国家向由这样一些国家构成的洲际联盟转变也会出现类似的问题。当强权向力量较小的国家施压时，问题就会出现。当强权在人的名义下试图施行其统治法则来保护个人，反对被其视作非人道的国家法律时，问题也会出现。这一类型的斗争处在一个长期过程的初级阶段，在这个长期过程中，人类作为最高的整合层次，即使不具有比国家的整合层次更高的霸权，至少也是同等的。

当非洲的许多地方，在主要的整合斗争还仍然限于部落或村落层次的关系上以及国家层次的关系上时，在其他大陆，主要的整合趋势已经处在从民族国家转变到这些国家的联盟的运动的早期阶段了。从多种多样的欧洲民族国家到一个统一的欧洲国家联盟的转变就是这类例子中的一个。同样的整合迸发在拉丁美洲仍处于试验阶段。在一个原子武器、超民族的经济市场与持续动荡的时代里，民族国家作为生存单元的至上功能已经失去了。人类作为一个整体，
168 正在一步步成长为最可能生存的单元。这并不意味着作为整合层次和参照单位的个人的消失。正如文艺复兴时期在国家层面上的整合的明显勃兴，与个人同宗族以及行会这样的传统集团的关系纽带的松动密切相关。同样，今天在人类层次上的整合的勃兴，和民族国家内个体权利的增强密切相关。

在不同的发展阶段上，不同层次的整合表现得最有力和最有

效。但是要认识这些不同，人们必须背过身去并且远离他们身处的多层社会，远离在社会中的他们自己。在人类社会领域内，科学的观察者必须将其自身置于与其研究对象不同的旋梯的层次上。[9]如果某人要言及单个国家，他必须站在多个国家的层次上；如果他要观察多个国家，他就应该心照不宣地站在人类的层次上。在此之上，再没有更高的整合层面了。[10]因此，为了便于比较，在此情况下人们一般选择进化整合中先前的层次。人们试图通过与动物比较认识人的区别性特征。这样扩展了人们视野后，人们从一个国家上升到多个国家，并最终把人类作为社会学探讨的不言自明的参照单位。如果这一点做到了，那么作为人类交流手段的语言以及作为人的定向手段的知识储备的特性就会更加清楚地显现出来。人们言及单数语言而实际指称复数语言，这样的情况并不罕见。就知识而言，当它在单数形式下使用时，则被超民族性地认同为自然科学的知识与技术。然而，与这种共同知识并肩而立的还有不同民族国家中的不同的知识传统。儿童自己只会接受许多语言中的一种、许多知识传统中的一种。

人类正在彼此接近，这一可以观察到的事实将有助于说明此理论观点。在社会学家们的著作中，全人类从一个遥远的理想，变成了一个综合的层次和与他人共同拥有的社会形式。文明进程理论与符号理论二者都可以作为例证。二者在社会发展的所有阶段都能找 169

⑨　见第123页注释10。——编者

⑩　对20世纪晚期以来国家之间动力学的思考，见埃利亚斯的论文：'The fishermen in the maelstrom'. in *Involvement and Detachment* (Dublin: UCD Press. 2007 [Collected Works, vol. 8]). pp. 105–78, and *Humana Conditio*。——编者

到证据。所有这些都是人类发展的各个阶段。用以比较的单位总是在特定阶段最发达和最不发达的社会单位之间的一段。冰河时代的社会以及冰河时代的人类，无论如何也无法超越部落时代的社会和人类。我们可能弄不懂它们发展阶段的差异，因为在第一种方法并隔开一定的距离来看，它们遍布全球的遗留物显得非常相似。部落单位仍然有机会征服早期通常由神职人员和武士控制的城市国家和地域国家，这样的阶段持续了数千年。而现在，无论部落在哪里存在，在数量上比原来少的国家都会把它们吞并。

为了能够理解经验性的证据，需要一个关于人类社会的多维模式。但困难之处在于，社会科学家（特别是社会学家）仍然着迷于一种哲学科学的理论，这一理论起始于笛卡尔，并且在其发展的早期阶段主要是从物理学中得到启示。在那个阶段，没有建立多维模式的需要。所有物理学的对象，进一步说在许多哲学家眼中的一切对象，似乎都指代用一个并且也是唯一的一个综合层次。被我们称为普遍规律或一般的这种类型的理论模式在当时是足尽其用的，它与现实的相符合足够适应这一阶段的物理学家们的需求。这些模式现在仍未失去其价值。但是目前，即使在物理学本身内，有时也补充进了非规律性的、多维的理论模式，这些模式使得对于诸如大分子、基因以及生物染色体这样一些彼此间相互作用与反作用的实验材料在多个综合层次上的掌握成为可能。⑪

⑪ 见 Elias, 'Reflections on the great evolution: two fragments', in *Involvement and Detachment*, pp. 179–233; and 'The sciences: towards a theory', in *Essays I: On the Sociology of Knowledge and the Sciences* (Dublin: UCD Press, 2009 [Collected Works, vol. 14]), pp. 66–84。——编者

对符号理论作一个简介虽然不可能进入由人的符号指代能力所导向的众多途径，但是，说些告诫的话还是有用的。符号与其指代对象之间的关系也不一定需要在一切情况下都是同一的。在语言符号化的情况下，这种关系与人们以前遇到的理论模式与其对象间的关系是不同的。在后一个关系中，结构的某种相似性是必不可少 170
的。但在语言指代中，却并不需要这种相似性。这一离题的话或许能够解释社会学家们的目的。其主要目的之一就是形成可验证的模型，这样的模型能使人们更好地理解社会功能怎样实现及为什么实现，以及它们的缺点是什么。它们有助于解释并且也因此切近公众对社会功能失调的质询。社会学的模型，无论是理论的还是经验的，都是一种实验和计划发现的手段。二者都可能得到预料不到的结果。因此，社会学模型同样会导致非计划的发现。由社会理论家们创立的模式中的强烈的排斥个体性的倾向，是否能够与其任务的复杂性相共存，这被人们看作是悬而未决的问题。作为一个模式的认识价值的标准，政治教条常常要压过作为模型认知价值的尺度的知识与现实的相符，这使得合作并不容易。这或许同样有助于解释为什么把社会作为多层次结构来表示很少出现在社会学理论中。政治教条总是将人们的视野限制在国家内部事务中，事实上国家内部事务并不能与国家间的事务截然分离。社会理论应把这两者都包括在内。在本书中，我们的视野正从国家内部关系的层次扩展到整个人类层次。

现在流行的观点强调语言与知识在一切阶段上的一致性。它未能通过对于语言和知识所经历的变化的可验证模型，将它们共同的功能和结构补充进来。人们或许还在期待着某个人——一个伟大的人物——大笔一挥就可以在其著作中展示人类社会呈现的大量问题。但这个期望是不现实的。这个任务不可能由某个人独自完成。这是一个只能由无数个人通过世世代代的共同努力才能完成的任务。同我前面已经提到的一样，它同样还需要人们视野的扩展。本文已经在这个方向迈出了一步。一个把社会等同于民族国家内的社会的根深蒂固的传统，在此已遇到了挑战。在过去，社会学家著作中所隐含的综合层面常常被忽视了。最终，在两个例子里，[12]参照系都是人类。这里就有我前面提到的两个方面的扩展中的一个。最重要的是（虽然不是只表明了这一点），它意味着人们对当代图景的
171 视野的扩展。它强调了能够通过语言进行相互交流和作为特定知识传统的成员进行自我定向的这唯一的生命——人——的独特性。

第二方面：遥远的过去

符号理论对于人们视野的扩展的第二个要义在于，它要将其理论框架扩展到过去。科学知识的一个主要特征在于与现实相符的知识的有计划的扩展。如前所述，在人们达到可以进行有计划的发现的阶段之前，他们并不缺少与现实相符合的知识，但是他们的成就无论如何都是偶然的和巧合的。伽利略（Galileo Galilei）及其后继者们通过建立系列的模型并系统地进行实验这样的方法获得了有计划的发现。但是，如果没有大量由非计划性的发现产生的与现实相符合的知识积累，他们是不可能突破到对与现实相符合的知识的有计

⑫ 即是，人类视野的扩展和人类个体在代际的协作。——编者

划的发现的。偶然和凭好运得来的大量与现实相符合的知识是有计划发现的条件。

也是在这一背景下，人类适合作为社会参照框架。只要我们动物祖先的主要交流方式不是习得语言的交流，定向方式不是通过习得知识的定向，那么他们就不可能具有人类那种区别性特征。从很早以来，具有较高生存价值的发现，由其萌生的社会传向了其他社会。这一探讨表明，人们可以区分生命产生和发展中的两个阶段，这种生命主要通过语言进行交流以及通过使用知识（一个是在听觉形式下使用知识，后来在使用知识时加上了视觉符号）来自我定向。这两个阶段虽然都是假设意义上的，但是，假设的模式总比没有模式要好，它们有助于进行发现。

第一个阶段是动物物种进化中的变态：这些动物物种最初主要由遗传决定的行动来交流和自我定向，后来突然转变为我们称之为人类的生物序列，它们的交流和自我定向的主要方式也转变为通过习得的符号。符号的使用需要在学习中慢慢形塑，但是他们天生就具有使用这些符号的禀赋。

第二个阶段主要是关于人类语言与知识传统的跨世代的非生 172
物性的增长。这是一个社会的或者发展的过程，在其早期阶段可能混同着类猿动物演化为现代人科动物的进化变态过程。虽然社会过程比生物过程更好被记载下来，但是，在进化这一方面的人化过程，即使只是假设，也清楚地提出了一个问题。这个问题，仅仅就作为社会科学家用以阐明他们使用的人类图景而言，不管它能否得到回答，社会科学家们都不能不提。

这里引出了两个关键问题："人是怎么来的？"，以及"与其动物祖先相比人的根本特征是什么?”如果人们的研究涉及旧石器或新石器时代，人们理所当然地会把人类整体作为社会参照框架。但人们却常常不能清楚地看到，正是在知识的社会储备帮助下的定向，构成了人类与其他动物区别开来的一个主要特征。对于本质的探求虽然能够有助于解释动物与人在生物构造与行动方面的不同，但这种探求却常常只把这些差异之处局限在单独个体的有机本质上，而没有同时将其看作社会的。比如双目聚焦、直立行走，等等。人们最熟知、最流行的当数理性、心智、智力或者合理性这样一些本质特征了。这些概念都支持着自足的个体，一个不在群体中的个体的假想。它们使人们忘记了要把他们在社会上的差异看作相关的在人和动物共同生活的方式上的差异。社会上的差异，即他们社会生活上的差异，是动物与人的显著的区别性特征之一。正如我早已看到的，动物能够经历巨大的变化，这样的变化只是其遗传构成的变化的一部分。而人类社会可以在基因组成上不发生相应变化的情况下经历巨大的变化。这众多区别的根基在于，人类有很强的依据习得知识而行动的能力。正是人类这一状况使得通过语言方式进行的交流以及社会发展前进或后退到一个不同的阶段成为可能。人类的自然秉性已为其向他人学习、与他人共处、关心他人并为他人所关心做好了准备。难以想象社会学家如何能够清楚地了解这样一个事实：自然为人类的社会生活作好了准备，但他们却不把进化过程和
173 人类社会发展的各个方面纳入视野之中。这是我们在此提出的第二次领域扩展。

我们强调了对于过去（和现在）的扩展，人们的参照框架似乎

还需要向未来扩展以作为补充。虽然社会科学家们并不是预言家，但是，还是有一些人类未来方面的东西是可以肯定地言及的。在这一方面，我能提供一点看法。它涉及一个关于现代在人类发展中的地位的隐含假定。我们在研究工作中由诸如史前、历史、古代、中世纪、现代这样一些概念体现出来的一般框架，容易给人造成这样一种印象，即所谓现代代表发展中的一个相对较晚的阶段。与此密切相关的一种倾向是把现代看作人类文明发展过程中的一个相当高级的阶段。不过，如果人们把人类的发展看作一个孤立的过程，那么作出这种估价是可以理解的。在这种情景下，人们不常把视野扩展到太阳系的发展上。当然，这也不是完全没有考虑到对人类发展过程中这一时代地位的任何评价。地球上的生命及人类都依赖太阳。宇宙学家告诉我们，按比喻说法，太阳目前正处在其可预期的生命的中年，并且他们期望太阳作为生命供给者的角色，能够继续维持亿万年。如果人类不自行毁灭，如果不被陨星或者另一个宇宙冲撞所毁灭（这的确可能发生），其存在的自然条件将会给人类以机会来解决他们在地球上或者在需要一个相当长时间才能达到的任何一个地方共同面临的生存问题。未来的40亿年时间将会给人类以机会在几条盲目的通道中摸索出适合自己的道路来，并且学会如何使其共同生活变得更加愉快，更加有意义和更有价值。在人类未来的背景下，短期研究的方法必然会招致错误。今天，宇宙学家们理所当然地认为，在宇宙里存在着与人类处在同一发展层次或更高层次的生命。我认为，人们不应当排除这种可能性——即人类的存在是一系列唯一的巧合，就是说能够生物性地具备语言和知识能 174
力，在宇宙中即使不是唯一的话，那么也是极为罕见的。

从介于人类将自我毁灭和人类还将会存在千百万年之间的一个观点看，把相对较晚阶段的特征归因于我们所谓的现代，这一流行的看法需要加以修正。我们现在仍未学会抑制战争、也不会制止不同国家的成员之间相互进行的集体性毁灭以及其他形式的人们不得不称其为残暴的行动的发生，所有这些事实都印证了一个假定，即从人类可能发展的总体背景看，所谓的现代代表的是人类发展过程的一个相当初期的阶段而不是一个晚期阶段。我最喜欢这样一个提法，假设人类如果能够从我们时代的暴力中幸免的话，我们的子孙或许会把我们看作是晚期阶段的野蛮人。我没有在这种斥责中消沉。人类在学习如何彼此和平相处上还有很长的路要走。我们的不确定性、我们对于消灭暴力的无能为力，都是这一学习过程的一部分。人类没有现成的老师。外来的帮助显然也是无法预见的。表达善良意志、劝人从善虽然是受欢迎的，却难以生效。对立观念的宣扬只能激发而不是缓和暴力。人们不得不自己学会如何与他人共同相处。也是在这种情况下，对解释的有计划的发现也许对我们有所帮助。迄今为止，我们仍然不知道如何在人类关系中有效地抑制或者消除暴力。我们陷入了这样一种困境，一方面政府在严肃地考虑如何消除战争，另一方面却又参与并支持帮助其他国家准备战争的军火交易的繁荣。

我们仍未学会如何应付我们时代的各种显见的矛盾。我们虽然知道人类可以在更加文明的态度下与他人共处，但是我们尚不知道怎样做才能把它在与他人的共同生存中变为现实，哪怕只是暂时的现实。我们也已知道，很多事都依赖于在自我克制与自我完善间达到较好的平衡，[13] 但是，我们仍然不知道如何建立一个保证这一平衡的社会秩序。但我相信，在我们未来的数千年里，人性的实现将不会太远。

⑬ 也可参见埃利亚斯在《文明的进程》（*The Civilizing Process*, rev. edn, Oxford: Blackwell, 2000 [*On the Process of Civilisation*, Collected Works, vol. 3], pp. 446–7）最后一段的论述。——编者

181

参考书目

埃利亚斯引用的文献

Bass, Alan, Translator's Introduction to Jacques Derrida, *Writing and Difference* (London: Routledge & Kegan Paul 1978), pp. ix–xxiii.

Bourdieu, Pierre, *Language and Symbolic Power* (Cambridge, MA: Harvard University Press, 1991).

Derrida, Jacques, *L'écriture et la différence* (Paris: Éditions du Seuil, 1967).

Derrida, Jacques, interview with Henri Ronse, December 1967, in *Positions* (London: Athlone Press, 1981), pp. 1–14.

Huxley, Julian, *The Uniqueness of Man* (London: Chatto & Windus, 1941).

Moyaert, Paul, 'Jacques Derrida en de filosofie van de differentie', in Samuel IJsseling (ed.), *Jacques Derrida: Een inleiding in zijn denken* (Ambo: Baarn, 1986), pp. 28–89.

编者引用的著作

Benthem van den Bergh, Godfried van (1986) 'The improvement of human means of orientation: towards synthesis in the social sciences', in Raymond Apthorpe and Andreás Kráhl (eds), *Development Studies: Critique and Renewal* (Leiden: E. J. Brill, 1986), pp. 109–35.

Blitz, David, *Emergent Evolution: Qualitative Novelty and the Levels of Reality* (Dordrecht: Kluwer, 1992).

Borchert, Catherine M. and Adrienne L. Zihlmann, 'The ontogeny and phylogeny of symbolizing', in Mary Le Cron Foster and Lucy Jayne Botscharow (eds), *The Life of Symbols* (Boulder, CO: Westview, 1990), pp. 15–44.

Derrida, Jacques, *Of Grammatology* (Baltimore, MD: Johns Hopkins University Press, 1974).

Derrida, Jacques, *Writing and Difference* (London: Routledge & Kegan Paul, 1978).

Derrida, Jacques, *The Margins of Philosophy* (Brighton: Harvester, 1982).

Dunning, Eric, 'The concept of development: two illustrative case studies', in Peter I. Rose (ed.), *The Study of Society: An Integrated Anthology* (New York: Random House, 1967), pp. 879–93.

Elias, Norbert, 'Reflections on personal pronouns', unpublished paper presented 182
to Sociology Staff Seminar, University of Leicester (1970)(manuscript).

Elias, Norbert, *What Is Sociology*? (London: Hutchinson, 1978 [Collected Works, vol. 5]).

Elias, Norbert, *Reflections on a Life* (Cambridge: Polity, 1994 [Interviews and *Autobiographical Reflections*, Collected Works, vol. 17]).

Elias, Norbert, 'The breakdown of civilisation', in *The Germans* (Cambridge: Polity, 1996 [*Studies on the Germans*, Collected Works, vol. 11]), pp. 209–402.

Elias, Norbert, *The Civilizing Process*, rev. edn (Oxford: Blackwell, 2000 [*On the Process of Civilisation*, Collected Works, vol. 3]).

Elias, Norbert, *Symboltheorie* (Frankfurt am Main: Suhrkamp, 2001 [Gesammelte Schriften, Band 13]).

Elias, Norbert, 'On seeing in nature', in *Early Writings* (Dublin: UCD Press, 2006 [Collected Works, vol. 1]), pp. 5–22.

Elias, Norbert, 'Idea and individual: a critical investigation of the concept of history', in *Early Writings* (Dublin: UCD Press, 2006 [Collected Works, vol. 1]), pp. 23–53.

Elias, Norbert, 'Introduction: sociology and historiography', in *The Court Society* (Dublin: UCD Press, 2006 [Collected Works, vol. 2]), pp. 3–38.

Elias, Norbert, *Involvement and Detachment* (Dublin: UCD Press, 2007 [Collected Works, vol. 8]).

Elias, Norbert, 'The fishermen in the maelstrom', in *Involvement and Detachment* (Dublin: UCD Press, 2007 [Collected Works, vol. 8]), pp. 105–78.

Elias, Norbert, 'Reflections on the Great Evolution: two fragments', in *Involvement and Detachment* (Dublin: UCD Press, 2007 [Collected Works, vol. 8]), pp. 179–233.

Elias, Norbert, *An Essay on Time* (Dublin: UCD Press, 2007 [Collected Works, vol. 9]).

Elias, Norbert, *Essays I: On the Sociology of Knowledge and the Sciences* (Dublin: UCD Press, 2009 [Collected Works, vol. 14]).

Elias, Norbert, *Essays II: On Civilising Processes, State Formation and National Identity* (Dublin: UCD Press, 2009 [Collected Works, vol. 15]).

Elias, Norbert, *Essays III: On Sociology and the Humanities* (Dublin: UCD Press, 2009 [Collected Works, vol. 16]).

Elias, Norbert, 'Technisation and civilisation', in *Essays II: On Civilising Processes, State Formation and National Identity* (Dublin: UCD Press, 2008 [Collected Works, volume 15]), pp. 57–92.

Elias, Norbert, 'Processes of state formation and nation building', in *Essays II: On Civilising Processes, State Formation and National Identity* (Dublin: UCD Press, 2008 [Collected Works, vol. 15]), pp. 105–18.

Elias, Norbert, 'Sociology of knowledge: new perspectives', in *Essays I: On the Sociology of Knowledge and the Sciences* (Dublin: UCD Press, 2009 [Collected Works, vol. 14]), pp. 1–41.

183 Elias, Norbert, 'On nature', in *Essays I: On the Sociology of Knowledge and the Sciences* (Dublin: UCD Press, 2009 [Collected Works, vol. 15]), pp. 53–65.

Elias, Norbert, 'The sciences: towards a theory', in *Essays I: On the Sociology of Knowledge and the Sciences* (Dublin: UCD Press, 2009 [Collected Works, vol. 14]), pp. 66–84.

Elias, Norbert, 'Scientific establishments', in *Essays I: On the Sociology of Knowledge and the Sciences* (Dublin: UCD Press, 2009 [Collected Works, vol. 15]), pp. 107–60.

Elias, Norbert, 'On the creed of a nominalist: observations on Popper's *The Logic of Scientific Discovery*, in *Essays I: On the Sociology of Knowledge and the Sciences* (Dublin: UCD Press, 2009 [Collected Works, vol. 15]), pp. 161–90.

Elias, Norbert, 'Note on Kant's solipsistic doubt', Appendix I in *Essays I: On the Sociology of Knowledge and the Sciences* (Dublin: UCD Press, 2009 [Collected Works, vol. 14]), pp. 288–9.

Elias, Norbert, 'On human beings and their emotions: a process-sociological essay', in *Essayss III: On Sociology and the Humanities* (Dublin: UCD Press, 2009 [Collected Works, vol. 16]), pp. 141–58.

Elias, Norbert, 'Figuration', in *Essays III: On Sociology and the Humanities* (Dublin: UCD Press, 2009 [Collected Works, vol. 16]), pp. 1–3.

Elias, Norbert, 'Towards a theory of social processes', in *Essays III: On Sociology and the Humanities* (Dublin: UCD Press, 2009 [Collected Works, vol. 16]), pp. 9–39.

Elias, Norbert, 'On the sociogenesis of sociology', in *Essays III: On Sociology and the Humanities* (Dublin: UCD Press, 2009 [Collected Works, vol. 16]), pp. 43–69.

Elias, Norbert, 'The retreat of sociologists into the present', in *Essayss III: On Sociology and the Humanities* (Dublin: UCD Press, 2009 [Collected Works, vol. 16]), pp. 107–26.

Elias, Norbert, 'Sociology and psychiatry', in *Essays III: On Sociology and the Humanities* (Dublin: UCD Press, 2009 [Collected Works, vol. 16]), pp. 159–79.

Elias, Norbert, 'Le concept freudien de société et au-delà', in *Au delà de Freud: sociologie, psychologie, psychanalyse* (Paris: La Découverte, 2010), pp. 131–85.

Elias, Norbert, *The Loneliness of the Dying* and *Humana Conditio* (Dublin: UCD Press, 2010 [Collected Works, vol. 6]).

Elias, Norbert, *The Society of Individuals* (Dublin: UCD Press, 2010 [Collected Works, vol. 6.]).

Elias, Norbert and Eric Dunning, *Quest for Excitement: Sport and Leisure in the Civilizing Processs* (Dublin: UCD Press, 2008 [Collected Works, vol. 7]).

Fletcher, Jonathan, *Violence and Civilization: An Introduction to the Work of Norbert Elias* (Cambridge, Polity, 1997).

Goudsblom, Johan, *Sociology in the Balance* (Oxford: Basil Blackwell, 1977).

Goudsblom, Johan, *Fire and Civilization* (London: Allen Lane, 1992).

Goudsblom, Johan, Eric Jones and Stephen Mennell, *The Course of Human History: Economic Growth, Social Process, and Civilization* (Armonk, NY: M. E. Sharpe, 1996).

184 Goudsblom Johan and B. De Vries (eds), *Mappae Mundi: Humans and their Habitats in a Long Term Socio-Ecological Perspective: Myths, Maps, and Models* (Amsterdam: Amsterdam University Press, 2002).

Habermas, Jürgen, 'On systematically distorted communication', *Inquiry* 13: 1 (1970), pp. 205–18.

Habermas, Jürgen, *The Theory of Communicative Action*, 2 vols (Boston: Beacon, 1984–7).

Huxley, Julian, *Evolution: The Modern Synthesis* (London: Allen & Unwin, 1942).

Kant, Immanuel, *The Critique of Pure Reason* [1781] (Cambridge: Cambridge University Press, 1998).

Kaspersen, Lars-Bo and Norman Gabriel, 'The importance of survival units for Norbert Elias's figurational perspective', *Sociological Review* 56: 3 (2008), pp. 370–87.

Kilminster, Richard, 'Editor's note to "The Symbol Theory"', *Theory, Culture and Society* 6: 2 (1989), pp. 163–7.

Kilminster, Richard, 'Editor's introduction' to Norbert Elias, *The Symbol Theory* (London: Sage, 1991), pp. vii–xxv.

Kilminster, Richard, *The Sociological Revolution: From the Enlightenment to the Global Age* (London: Routledge, 1998).

Kilminster, Richard, *Norbert Elias: Post-philosophical Sociology* (London: Routledge, 2007).

Kranendonk, Willem H., 'Uit het dagboek van een handlanger' [From the diary of a helping hand] in Han Israëls, Mieke Komen and Abram de Swaan (eds), *Over Elias: Herinneringen en anecdotes* (Amsterdam: Het Spinhuis, 1993), pp. 99–103.

Leibniz, Freiherr Gottfried Wilhelm von, *The Monadology and Other Philosophical Writings*, (Oxford, Oxford University Press, 1968).

Lévi-Strauss, Claude, *The Savage Mind* (London: Weidenfeld & Nicolson, 1976 [1962]).

Lyell, Charles, *Elements of Geology* (London: John Murray, 1838).

Mennell, Stephen, 'Decivilising processes: theoretical significance and some lines for research', *International Sociology* 5: 2 (1990), pp. 205–23.

Mennell, Stephen, *Norbert Elias: An Introduction* (Dublin: University College Dublin Press 1998 [1989]).

Mennell, Stephen, 'Reflections on editing Elias's English', *Figurations: Newsletter of the Norbert Elias Foundation* 26 (December, 2006), pp. 3–4.

Mill, John Stuart, *A System of Logic, Ratiocinative and Inductive*, 2 vols (London: John Parker, 1843).

Needham, Joseph, *Integrative Levels: A Revaluation of the Idea of Progress* (Oxford: Clarendon Press, 1937).

Popper, Karl R., *The Poverty of Historicism* (London: Routledge & Kegan Paul, 1957).

Popper, Karl R., *The Open Society and Its Enemies*, 2 vols (rev. edn, London: 185
Routledge & Kegan Paul, 1962).

Stigt, Mieke van, 'Een race tegen de klok' ['A race against the clock'], in Han Israëls, Mieke Komen and Abram de Swaan (eds), *Over Elias: Herinneringen en anecdotes* (Amsterdam: Het Spinhuis, 1993), pp. 105–8.

Power, Richenda, *A Question of Knowledge* (Harlow: Prentice Hall, 2000).

Quilley, Stephen, 'Ecology, "human nature" and civilising processes: biology and sociology in the work of Norbert Elias', in Stephen Quilley and Steven Loyal (eds), *The Sociology of Norbert Elias* (Cambridge: Cambridge University Press, 2004), pp. 42–58.

Quilley, Stephen, 'Integrative levels and "the great evolution": Organicist biology and the sociology of Norbert Elias', *Journal of Classical Sociology* 10: 4 (2010), pp. 1–29.

Swaan, Abram de, *Words of the World: The Global Language System* (Cambridge: Polity, 2001).

Waddington, C. H., *The Ethical Animal* (London: Allen & Unwin, 1960).

Waddington, C. H., *The Scientific Attitude*, rev. edn (West Drayton: Penguin, 1948).

Wassall, Terence J. (1990) 'The Development of Scientific Knowledge in Relation to the Development of Societies', unpublished PhD thesis, University of Leeds.

Wittgenstein, Ludwig, *Tractatus Logico-Philosophicus* (London: Routledge & Kegan Paul, 1922).

索　引

索引页码为原书页码，参见中文本边码

译后记

1999年，《符号理论》译稿第一稿由高乐田老师完成，并由我的硕士导师高丙中教授交到我手中，让我进行校译。当时依据的是1991年塞奇出版公司的版本，编者是理查德·基尔明斯特（Richard Kilminster）。

这个译稿不知何故在原来的出版社并没有得到出版，直到2014年，高丙中教授告知我，由于出版社的更换，《符号理论》有可能由商务印书馆出版，问我能否根据英文版的最新版本重新加以校译。考虑到我是《符号理论》最近的翻译者，我接下了这个任务。

新版的《符号理论》是埃利亚斯逝世后出版的《著作集》的庞大系统工程的其中一卷，原编者理查德·基尔明斯特对全书进行了系统的重新梳理，新增加了埃利亚斯生平介绍和文本说明，对1991年版的《导言》也进行了增补，补充了大量注释（1991年版本注释甚少），并在书末补齐了作为学术书籍著作不可或缺的参考书目和索引。因此此校译工作其实工作量不小，在一年时间里，我秉承认真负责的态度逐项细致完成，希望能够呈现一本足够完善的《符号理论》给读者。

新版的《符号理论》末尾参考书目之前有对1991年版本的

补正，考虑到1991年版本《符号理论》并未出版，因此本书没有译出。

熊浩

2015年5月，广州

图书在版编目（CIP）数据

符号理论 /（德）诺伯特·埃利亚斯著；熊浩，高乐田译 .—北京：商务印书馆，2023
（社会学名著译丛）
ISBN 978-7-100-21757-6

Ⅰ.①符… Ⅱ.①诺… ②熊… ③高… Ⅲ.①符号学—研究 Ⅳ.① H0

中国版本图书馆 CIP 数据核字（2022）第 177488 号

社会学名著译丛
符号理论
〔德〕诺伯特·埃利亚斯 著
熊浩 高乐田 译

商 务 印 书 馆 出 版
（北京王府井大街 36 号 邮政编码 100710）
商 务 印 书 馆 发 行
北 京 中 科 印 刷 有 限 公 司 印 刷
ISBN 978 - 7 - 100 - 21757 - 6

2023 年 5 月第 1 版　　开本 880 × 1230 1/32
2023 年 5 月北京第 1 次印刷　　印张 7⅞

定价：48.00 元

“社会学名著译丛”已出书目

《帝国的政治体系》	〔以色列〕S. N. 艾森斯塔德
《马克斯·韦伯与经济社会学思想》	〔瑞典〕理查德·斯威德伯格
《社会科学方法论》	〔德〕马克斯·韦伯
《污名》（修订译本）	〔美〕欧文·戈夫曼
《互动仪式链》	〔美〕兰德尔·柯林斯
《符号理论》	〔德〕诺伯特·埃利亚斯